CLÁSSICOS
GREGOS
E LATINOS

Rio profundo, os padrões e valores da cultura greco-latina estão subjacentes ao pensar e sentir do mundo hodierno. Modelaram a Europa, primeiro, e enformam hoje a cultura ocidental, do ponto de vista literário, artístico, científico, filosófico e mesmo político. Daí poder dizer-se que, em muitos aspectos, em especial no campo das actividades intelectuais e espirituais, a nossa cultura é, de certo modo, a continuação da dos Gregos e Romanos. Se outros factores contribuíram para a sua formação, a influência dos ideais e valores desses dois povos é preponderante e decisiva. Não conseguimos hoje estudar e compreender plenamente a cultura do mundo ocidental, ao longo dos tempos, sem o conhecimento dos textos que a Grécia e Roma nos legaram. É esse o objectivo desta colecção: dar ao público de língua portuguesa, em traduções cuidadas e no máximo fiéis, as obras dos autores gregos e latinos que, sobrepondo-se aos condicionalismos do tempo e, quantas vezes, aos acasos da transmissão, chegaram

CLÁSSICOS
GREGOS E LATINOS

Colecção elaborada sob supervisão
do Instituto de Estudos Clássicos da Faculdade de Letras
da Universidade de Coimbra
com a colaboração
da Associação Portuguesa de Estudos Clássicos

TÍTULOS PUBLICADOS:

1. AS AVES de Aristófanes
2. LAQUES de Platão
3. AS CATILINÁRIAS de Cícero
4. ORESTEIA de Ésquilo
5. REI ÉDIPO de Sófocles
6. O BANQUETE de Platão
7. PROMETEU AGRILHOADO de Ésquilo
8. GÓRGIAS de Platão
9. AS BACANTES de Eurípedes
10. ANFITRIÃO de Plauto
11. HISTÓRIAS – Livro I, de Heróidoto
12. O ENUCO de Terêncio
13. AS TROIANAS de Eurípedes
14. AS RÃS de Aristófanes
15. HISTÓRIAS de Livro III, de Heródoto
16. APOLOGIA DE SÓCRATES • CRÍTON de Platão
17. FEDRO de Platão
18. PERSAS de Ésquilo
19. FORMIÃO de Terêncio
20. EPÍDICO de Plauto
21. HIPIAS MENOR de Platão
22. A COMÉDIA DA MARMITA de Plauto
23. EPIGRAMAS de Marcial

EPIGRAMAS

Título original: *Epigrammata Martialis*

© Cristina de Sousa Pimentel (Introduções e notas),
Delfim Ferreira Leão (tradução do *Livro dos Espectáculos*),
José Luís Brandão (tradução do *Livro I* e *Livro II*),
Paulo Sérgio Ferreira (tradução do *Livro III*)
e Edições 70

Capa do departamento Gráfico de Edições 70
Na capa: cabeça da estátua de Augusto
da "Prima Porta", Séc. I a. C.

Depósito Legal n.º 149615/00

ISBN 972-44-1044-7

Todos os direitos reservados.

EDIÇÕES 70, LDA.
Rua Luciano Cordeiro, 123 - 2.º Esq.º – 1069-157 LISBOA / Portugal
Telefs.: 21 319 02 40
Fax: 21 319 02 49

Esta obra está protegida pela lei. Não pode ser reproduzida
no todo ou em parte, qualquer que seja o modo utilizado,
incluindo fotocópia e xerocópia, sem prévia autorização do Editor.
Qualquer transgressão à lei dos Direitos do Autor será passível de
procedimento judicial.

MARCIAL

EPIGRAMAS

Vol. I

Nota Prévia

A presente tradução dos Epigramas *de Marcial toma como texto de referência a edição estabelecida por D.R. Shackleton Bailey,* M. Valerii Martialis Epigrammata *(Teubner, Stuttgart, 1990), assinalando-se em nota as excepções a esta prática.*

A tradução deve-se a três docentes da Universidade de Coimbra: a do Livro dos espectáculos *é da responsabilidade de Delfim Ferreira Leão; a dos* Livros I e II, *de José Luís Brandão; a do* Livro III, *de Paulo Sérgio Ferreira. As introduções (geral e a cada um dos livros), bem como as notas, são de Cristina de Sousa Pimentel, da Universidade de Lisboa.*

Ao Doutor Walter de Medeiros é devido um agradecimento muito especial, pela profunda atenção e a grande sensibilidade com que nos permitiu melhorar a tradução destes livros de epigramas.

INTRODUÇÃO GERAL

Marcial: o homem e a sua vida

Nascido em *Bilbilis*, na Hispânia Tarraconense, perto da actual Calatayud (a alguns kms de Zaragoza), cerca do ano 40 da nossa era, Marco Valério Marcial fez os seus estudos na terra natal. No ano 64, tomou o rumo de Roma, como faziam então muitos jovens das províncias que queriam tentar a sua sorte na capital e aí alargar os horizontes e ter acesso aos benefícios (e aos males) da cidade que dominava o mundo.

Em Roma, contava com o apoio de alguns compatriotas, nomeadamente a família dos Sénecas. Em 64, porém, já Nero entrara há muito na curva deslizante e incontrolável da violência e do despotismo. Séneca, o filósofo estóico que fora seu preceptor e depois seu conselheiro, afastara-se de todas as funções e mantinha-se, velho e doente, mergulhado nos estudos e na escrita, à espera do momento da morte, que sabia inevitável e próxima. Nero governava agora sem controle nem freio, entregue às suas paixões e desvarios, sob a única e nefasta influência do sinistro Tigelino, o prefeito da guarda pretoriana, e de Popeia Sabina, a mulher que o levara a desfazer-se da mãe, Agripina, e da primeira esposa, Octávia.

Nesse ano em que Marcial chegou à cidade, um incêndio devastou a Urbe, talvez, ao contrário do que a tradição persiste em dizer, não ateado por Nero, mas que este manifesta e gostosamente aproveitou para reconstruir a **sua** Roma, de ruas mais amplas e luminosas, de edifícios mais seguros e modernos, de condições mais salubres. Aproveitou ainda para expropriar uma área extensíssima, que compreendia o Palatino e parte do Célio e

Epigramas

do Esquilino, e aí construir a sua magnífica *Domus Aurea*, o célebre palácio onde as maravilhas da técnica se associavam ao requinte de um gosto extravagante mas grandioso.

É, pois, a uma Roma fervilhante de actividade, mas minada pela crueldade e pelo descontentamento, que Marcial chega, pronto a conquistar um lugar ao sol. Mas logo uma densíssima sombra o envolve, em Abril de 65. Descoberta a conjura de Pisão, tombam, nela implicados, Séneca, os seus dois irmãos, o sobrinho Lucano e tantos outros que os rodeavam.

Abre-se para Marcial um longo período de silêncio, que dura quinze anos, em que terá aprendido a sobreviver mercê dos artifícios, favores e serviços da clientela. Arrimado, como faziam todos e os cidadãos livres e pobres mais que ninguém, a um número de patronos suficiente para lhe garantir a subsistência diária, Marcial acumula um conhecimento profundo da alma humana, observando, implacável, o que faz mover o mundo, a ambição, a desonestidade, a devassidão, os compromissos mais ou menos inconfessáveis. Analisa e regista tudo quanto vê, disseca os 'tiques' da gentinha que vagueia pelas ruas em busca de um jantar ou de uma oportunidade, desvenda sem hesitação a capa das aparências de muitos, tidos e apontados como honestos exemplos de inatacável moralidade. E dentro dele cresce o desprezo e ganha raízes o sarcasmo, aqui e além adormecidos perante uma ou outra criança, um ou outro destino mais trágico ou existência mais digna, um ou outro amigo que o é de verdade e sem querer nada em troca. Esse é o tesouro que Marcial foi acumulando, que de moedas nunca foi a sua bolsa farta. Esse é o manancial de temas, personagens e situações que foi guardando na retina para deles fazer a sua poesia.

Só em 80 encontra oportunidade para revelar o seu talento e procurar apoio e reconhecimento oficial. Quem então está no poder é Tito, filho mais velho de Vespasiano e segundo *princeps* da dinastia Flávia. Roma conhece, desde 69, uma época de maior estabilidade económica e política, com um governo pautado pela contenção das despesas e por um equilíbrio, que alguns julgam mesquinho, entre efectivo poder e manifestação de grandeza. Em 80, porém, Tito inaugura o Anfiteatro Flávio e oferece grandiosos Jogos, que duraram cem dias e trouxeram a Roma gente de todo o mundo. Marcial está entre os espectadores e é dos mais atentos e

Introdução Geral

deslumbrados. Escreve então um livro, o *Liber de spectaculis*, que descreve e louva os Jogos e o imperador que os proporcionou. E fica à espera da recompensa e da fama. Tito, de facto, recompensou-o, concedendo-lhe o *ius trium liberorum*, o 'direito dos três filhos' (a ele que os não tinha), que se traduzia em poucos privilégios mas lhe trazia algum reconhecimento social. Terá sido também nessa altura que ascendeu ao *ordo equester*, a ordem dos cavaleiros, a segunda na hierarquia social.

Após mais quatro ou cinco anos de silêncio literário, publica nova recolha, os *Xenia* e os *Apophoreta*, que serão numerados mais tarde pelos editores como os Livros XIII e XIV da sua obra. Trata-se quase exclusivamente de dísticos destinados a acompanhar os bens e presentes que se ofereciam e trocavam quer em banquetes, quer durante os *Saturnalia*, as festas em honra de Saturno que tinham lugar em Dezembro.

Marcial vai aperfeiçoando a sua pena, apurando o estilo, mas não deu ainda licença à sua verdadeira Musa para que se revelasse. E é no Livro I, publicado muito pouco tempo depois da recolha dos *Xenia* e dos *Apophoreta*, que se dá a grande explosão do seu génio e da sua força poética. Cáustico para com a miséria e a mesquinhez da gente que conhece, insofrido perante a injustiça que muitos suportam para que uns poucos singrem, cada vez mais amargo à medida que os anos passam e não vê nenhum fulgor a contrariar a baixeza dos homens, Marcial publica sucessivamente os seus livros de epigramas, doze ao todo, obra mestra de alguém que, melhor que qualquer outro, nos deixou o retrato do século I, nessa Roma *caput mundi*, mas dominada pelo desregramento e o vício.

Marcial, no entanto, tem de sobreviver. E os poetas raras vezes podem viver do seu talento. Os mecenas de outrora, como ele próprio se queixa, deram lugar a patronos déspotas, interesseiros e sovinas, que tudo querem e nada dão em troca. Cansa-se o poeta de correr pela manhã, de se esfalfar todo o dia a recolher a *sportula*, a miserável quantia que lhe é devida pelo preito da clientela e lhe vai dando, à justa, para viver. Desilude-se com os jantares em que o patrono consome iguarias e bebe néctares das melhores colheitas mas lhe dá comida trivial e escassa, vinho que mais merece o epíteto de zurrapa. Revolta-se quando vê idolatrados e pagos com pesados sacos de ouro os aurigas, os mimos, os gladiadores e outros

Epigramas

seres notados de infâmia mas que a multidão recompensa com o favor e a glória. Morde-lhe a alma o saber que é bom poeta, sentir o reconhecimento de alguns (e também a inveja de muitos), mas ter de contentar-se com uma vidinha de nível abaixo do mediano, acumulando uns parcíssimos bens que ainda assim aprecia e o confortam, a casita na cidade, que nem água canalizada possui, e a propriedadezeca nos subúrbios, em Nomento.

Tenta, assim, obter o favor dos poderosos. Uns porque são realmente ricos e bem colocados na escala social. Outros porque gravitam na esfera do poder, porque vivem perto da mais alta instância política, o imperador. Alguns são ou tornam-se mesmo seus amigos, como Arrúncio Estela, que chegou a cônsul e possuía uma fortuna fabulosa. Convive com oficiais do mesmo ofício, como Sílio Itálico, Plínio-o-Jovem, Juvenal, Quintiliano, Frontino, e pede-lhes também apoio.

Não hesita em dar passos mais arrojados e escreve para o imperador e sobre o imperador. Em 84, Domiciano, que sucedera três anos antes a seu irmão Tito, é senhor absoluto e exerce o poder com mão firme e quase sempre cruel. Os delatores imperam, a liberdade e a justiça não são mais que o sonho de uns quantos, sobretudo dos estóicos, que teimam em reclamar o governo ideal, o que coloca o poder nas mãos de um *sapiens*. Sucedem-se as execuções de grandes nomes de ilustres famílias, silencia-se o Senado, medroso e obediente, que se apressa a rasgar louvores a tudo quanto o *princeps* faz. São quinze anos de duríssima repressão, mas também – o que tantas vezes é esquecido – de rigorosa e honesta administração das províncias e de campanhas militares oportunas e necessárias, embora nem sempre entendidas como tal. Domiciano quer governar sozinho e sem conselho, dispensa o concurso do Senado, esmaga qualquer semente de oposição que descubra ou de que apenas suspeite, isola-se cada dia mais, criando à sua volta o vazio absoluto do tirano que confia numa escassa meia-dúzia de pessoas e há-de ser traído e assassinado precisamente por esse pequeno grupo. Entre eles está Parténio, o *cubicularius*, o mordomo do imperador, um dos vários libertos e *ministri* de Domiciano que Marcial louvou repetidas vezes.

Enquanto alguns se opuseram e pagaram com a vida a não subserviência a Domiciano, como aconteceu a Aruleno Rústico, ou com o exílio, como o filósofo Epicteto, enquanto outros se

Introdução Geral

mantiveram num cauteloso silêncio pouco menos que conivente e sobretudo frutuoso, pois singraram na carreira política e nada sofreram, como foi o caso de Plínio e de Tácito, Marcial escolheu a via da adulação. Poderemos conceder-lhe uma natural tendência para elogiar o que lhe parecia grandioso, para admirar sinceramente a obra de um legislador que tentava a *correctio morum*, a moralização dos costumes (embora a moralidade da sua vida deixasse muito a desejar), erguia templos, arcos triunfais, edifícios públicos magníficos (ainda que esvaziando os cofres do Estado que seu pai reabastecera), dava inesquecíveis Jogos que prendiam a populaça, distraída e saciada na sua sede de emoções (mesmo que homens mais esclarecidos, como Séneca, tivessem já levantado a voz contra a crueldade dos Jogos e a consequente e progressiva bestialização de quem a eles assistia).

Marcial é dos que vê, aprecia e louva. Sem reservas. Nos seus epigramas há ecos das decisões do poder, das grandes construções, das vitórias militares, dos sucessivos espectáculos, sem sequer lançar suspeitas sobre o que escondia realmente todo o aparato daquelas medidas. Como documento histórico da época, posto de parte o problema da parcialidade ou isenção do poeta, os epigramas são também fonte em nada despicienda.

O tempo do tirano chegou, porém, ao termo, em Setembro de 96. Assassinado, votada a *damnatio memoriae*, a condenação da sua memória e a revogação de todos os seus actos, Domiciano arrasta consigo, pelo menos para a penumbra do desfavor, aqueles que o haviam apoiado. Alguns, mais bem protegidos pelo dinheiro ou pela posição, ou mais hábeis na arte da metamorfose em termos de clientela política, não soçobraram, continuaram incólumes ou viram mesmo abrir-se uma nova etapa mais fulgurante em suas carreiras. Marcial, todavia, pertencia àquelas franjas em que se situam os seres sem peso e importância, de que uns se esquecem mal acabam de se servir deles, outros ignoram, porque pouco valem, e outros, ainda, marginalizam, para evitarem qualquer hipótese de que lhes lembrem ou revelem as cedências coniventes e a espinha curva de outrora.

Para Marcial deixa, assim, de haver lugar em Roma. Ele bem tenta o louvor do velho e contemporizador Nerva, que não chegou a cumprir dois anos no poder, bem ensaia o encómio de Trajano, ainda para mais hispânico como ele. Não é ouvido. Bem repete o

Epigramas

seu desagrado pelos desmandos de outrora, percutindo a tecla da retractação, que a ninguém convence. Alguns amigos, poucos, continuam a sê-lo, mas isso não basta.

Além disso, Marcial está envelhecido e cansado, trinta e quatro anos de vida de *cliens* em Roma só serviram para lhe dar a certeza de que será pobre até morrer. Sente cada vez mais, no corpo e no espírito, as humilhações e os desconchavos de patronos soberbos e indignos. Falta-lhe a paciência, esgota-se-lhe a esperança, morrem-lhe as ilusões, revolve-se-lhe o estômago ante uma urbe povoada de oportunistas, escroques, desavergonhados e arrivistas.

E como sempre acontece quando os anos vão pesando e se sente a vida a correr entre dentadas de frustração e apertos de angústia, com os pés fincados numa realidade que só traz desconforto e a alma amarrada aos sonhos incumpridos e ao tempo desperdiçado, Marcial deixou acalentar o desejo de voltar à terra natal, embalado na saudade de um lugar onde, se calhar apenas porque era jovem e tinha a vida toda à frente para entretecer de esperança, foi feliz.

Junta-se assim a desilusão da vida na urbe, marginalizado e sem horizontes, com a ilusão de que poderá reencontrar a felicidade de outrora na terra que o viu nascer. E resolve voltar, em 98. Mas o homem que regressa não é o mesmo que trinta e quatro anos antes partira em busca de uma vida melhor, talvez até da fama. Porque ninguém regressa ao que deixou. Bílbilis não é a mesma terra de que se lembra, não é sobretudo o lugar idealizado que foi compondo na memória, traço a traço, no tom melancólico e doce de quem precisa de um contraponto para a realidade crua que o rodeia e desgosta. Marcial não é o mesmo, perdida que foi a juventude, a frescura, até a fé nos seus semelhantes. Pesa-lhe o sarro dos anos e a bagagem de desilusões que lhe atravanca a vida.

Vem mordido de desânimo, mordem-no com o desinteresse. Vem rasgado de amargura, rasgam-no com invejas daninhas. Vem só, como sempre esteve, mesmo quando se embriagava em amores de uma descarnada crueza ou em exaltações passageiras que depressa lhe raiavam os olhos e o coração de desencanto. Vem pobre, depois de uma vida nos limites da decência, e pobre caminha para a morte que o espreita. Para poder regressar teve Plínio de lhe oferecer a quantia necessária, para se instalar com um mínimo de dignidade teve Marcela, uma nobre protectora que lhe ameniza

Introdução Geral

a secura dos últimos anos, de lhe dar uma casita e um terreno. Vive em Bílbilis na desencontrada saudade dos tempos de Roma, do bulício que o fartou, dos amigos que não voltará a ver, de tudo o que o desgostou mas se lhe entranhou na alma, como uma segunda pele.

Publica ainda um livro, o último, em 101 ou 102, mas apenas por insistente empenho de um amigo. Dorme até tarde, não faz nem quer fazer o que quer que seja, obriga-se a apreciar aquilo que tem, desprende-se dia a dia da vida e do nada que ela lhe trouxe.

Morreu nem sequer sabemos ao certo quando. Por uma carta de Plínio, o único que se lhe refere (e tantos, tantos foram os que ele louvou ou nele beberam inspiração e engenho!), calculamos que terá desaparecido no ano 103 ou 104. O poeta que levou o epigrama ao seu mais alto grau de perfeição, que, pode dizer-se, estabeleceu de uma vez por todas as leis do género, morreu, sem fama nem proveito de tal glória e de tamanho génio, no apagado lugarejo da Hispânia onde se recolheu para aguardar o fim.

O poeta e a sua obra

O epigrama teve origem na Grécia, em tempos tão remotos como o século VII a. C. Inicialmente designava uma inscrição em material duro, objecto ou monumento, e fornecia dados, de forma concisa e breve, sobre quem os dedicava ou a quem eram dedicados, a quem pertenciam ou quem, no caso específico de se tratar de uma inscrição funerária, ali repousava. Progressivamente, porém, o epigrama foi conquistando o terreno da literatura, sobretudo por meio do epitáfio poético ou do poema votivo inscrito num monumento.

Atribui-se a Simónides de Ceos (séc. VI - V a. C.) a composição dos primeiros epigramas literários, encabeçando uma longa lista de autores gregos, da época clássica e da helenística, que cultivaram o género ou a quem se atribuem epigramas, como é o caso de Eurípides, Platão, Aristóteles, mais tarde Ânite, Asclepíades, Calímaco, Posidipo, Leónidas de Tarento, mais tarde ainda Antípatro, Filodemo, Meleagro (a quem se deve a primeira grande antologia de epigramas escritos nos cinco séculos anteriores ao I a. C.), Marco Argentário...

Epigramas

Logo no século III a.C., os temas alargam-se e os epigramas ocupam-se já do amor, do vinho, dos festins, estendem-se à descrição de objectos, particularmente de arte, ampliam os dedicatários, que são agora gente ainda viva, admirada, amada ou – abrindo caminho para o que tanta fortuna trará ao género – criticada. Os metros possíveis também são outros além do dístico elegíaco, predominante desde os alvores do género.

Nos finais da República e início do principado, em Roma e no mundo helenístico por ela dominado, surge uma nova etapa na história do epigrama. Aos temas do amor e do convívio juntam-se os poemas sobre instantâneos do quotidiano, pequenos *flashes* da vida quantas vezes de carácter anedótico ou mordaz, convites e mensagens para acompanhar presentes, composições de circunstância que celebram nascimentos, matrimónios, aniversários, festas familiares. Sobretudo no séc. I d. C. e com o epigramatista, de língua grega, Lucílio, o epigrama abre-se ainda à crítica impiedosa que ridiculariza defeitos físicos, apouca certas profissões (como os médicos) e se empenha em denegrir os vícios humanos pelo ataque desferido contra tipos, e não pessoas, bem delineados para representarem todo o grupo que se procura retratar. Lucílio, e também Nearco, desenvolvem ainda a técnica do fim inesperado, aquilo que, muito a propósito, é designado em latim por substantivos que significam 'aguilhão, ponta, ferrão': *aculeus, acumen, mucro*...

Em Roma e em língua latina, que também conheceu o epigrama enquanto inscrição votiva ou funerária (basta lembrar os conhecidos *elogia* dos Cipiões), o maior impulso do epigrama acontece do século II a. C. em diante, sobretudo por influência dos intelectuais gregos que vivem na esfera das grandes famílias romanas. Entre os primeiros que se dedicaram ao género, contam--se Lutácio Cátulo, Valério Edítuo, Pórcio Lícino e Lévio. O epigrama torna-se o género de eleição de uma classe culta e refinada, e ocupa-se sobretudo dos momentos de lazer e dos prazeres da vida, muitas vezes eivado de humor ou marcado pelo sarcasmo. Os metros são já, além do dístico elegíaco, o hexâmetro, o hendecassílabo falécio, o trímetro jâmbico. No século I a. C., Catulo e outros poetas neotéricos como Hélvio Cina, Licínio Calvo, Fúrio Bibáculo, trazem ao epigrama os temas políticos, nomeadamente a oposição polémica a certas figuras poderosas.

Introdução Geral

Também César, Bruto, Augusto, Mecenas, talvez até o austero Catão de Útica, todos eles ensaiaram o epigrama.

A acreditar em Marcial, os temas francamente obscenos foram cultivados nos epigramas de Domício Marso, Lêntulo Getúlico e Albinovano Pedão, todos eles do tempo de Augusto e Tibério. Com as primeiras décadas do principado, nomeadamente no tempo de Cláudio e Nero, os temas políticos aproximam-se decisivamente do culto do imperador e do encómio dos seus feitos.

Não será assim difícil avaliar a importância de Marcial na história do epigrama. Na sua poesia, ele concentra e desenvolve todas as tendências e temas que o género explorara até à data, conseguindo aquilo que já foi considerado a 'representação crítica da vida integral'. Sátira de caracteres e profissões, descrição de obras de arte, propriedades ou monumentos, lamentos fúnebres (epicédios), celebração de nascimentos ou aniversários (genetlíacos), ou de casamentos (epitalâmios), mensagens de regozijo pelo restabelecimento de doença (*soteria*) ou desejos de boa viagem (*propemptika*), epinícios e todos os outros tipos de poemas de circunstância, epitáfios e *elogia*, cantos ao vinho e ao amor, alguns roçando claramente a pornografia, ridicularização implacável de defeitos físicos, louvor de personagens influentes, desde os *patroni* até ao imperador e seus próximos, convites e agradecimento de convites para jantares e festins, 'bilhetinhos' a acompanhar presentes ou a pedir benesses e favores, retratos e instantâneos da vida em sociedade, da coscuvilhice e má-língua, dos interesses mesquinhos e das pequeninas maldades, esse é o magma de que nasce a poesia de Marcial.

A tudo isto junta-se uma autêntica revolução formal. É certo que o poeta respeita algumas regras, como a de dedicar cada epigrama a um só assunto, bem como a de procurar a concisão, sem a qual se perde a eficácia do instantâneo ou a força do veneno. Os metros são todos os possíveis no epigrama, deixando Marcial a porta aberta para a liberdade que lhe assiste tanto nesse aspecto como no da extensão do poema, até então necessariamente curto. Desenvolve magistralmente as técnicas de criação de um clima de cumplicidade com o leitor ou de sugestão do ambiente da coscuvilhice, introduzindo o diálogo, as perguntas a que logo dá resposta, a interpelação directa do visado ou o comentário com um amigo, qual piscar de olho entre quem muito bem se entende,

Epigramas

sobre um 'ele' que é o alvo da crítica. Leva até à perfeição a arte da *pointe*, o final inesperado, a conclusão brevíssima que às vezes se condensa num único e último vocábulo do poema, que esclarece o alcance do epigrama ou desfere a estocada final. Transforma-se numa espécie de super-repórter que conhece como ninguém a Roma em que vive, desenha retratos e traça caricaturas, apanha no quotidiano os tipos mais comuns em que tropeça nas ruas e nas casas, como os beberrões, os parasitas, os caçadores de heranças, os plagiários, os fanfarrões, os maçadores indesejáveis, as velhas e velhos ridículos e gaiteiros, os glutões, os efeminados e as viragos, os falsos virtuosos e os eternos sabichões, os novos-ricos e os literatos pedantes e convencidos, os ladrõezecos e os lambe--botas. Aqui e além, deixa lugar para o sentimento, sobretudo a amizade, mas também outros ternos laços que o prendem a escravos ou a todos os que a morte precocemente lhe arranca.

Daqui resulta uma obra ímpar, nem sempre devidamente apreciada, tantas vezes marcada pelo estigma de juízos de valor anacrónicos, como o que persiste em notar de infâmia os epigramas adulatórios, sem ter em conta as leis do panegírico, nem as condições sócio-políticas do momento, nem mesmo o estatuto e a condição do poeta nesse fim do século I. Daqui resulta uma obra maior, que não merece nem deverá suportar paralelos e cotejos com outros poetas de outras musas e outra inspiração. Como disse Fernando Pessoa, pela 'boca' de Ricardo Reis, "Para ser grande, sê inteiro." E é Marcial, homem e poeta, na inteireza do seu génio e das suas fraquezas, quem encontramos nos *Epigramas*.

LIVRO DOS ESPECTÁCULOS

Introdução

A primeira obra que Marcial publicou, o *Liber de spectaculis* (título atribuído numa edição de 1602, mas que os manuscritos designam por *Epigrammaton Liber*), assume um carácter particular dentro da sua produção poética. Terá surgido logo após os grandes Jogos oferecidos por Tito, no ano 80, aquando da inauguração do Anfiteatro Flávio, mais tarde conhecido por Coliseu, que Augusto projectara, Vespasiano começara, mas só Domiciano haveria de concluir.

Esses Jogos foram absolutamente grandiosos. Duraram cem dias, entre Abril e Julho, de dia e de noite, e trouxeram à cidade gente das mais longínquas paragens do mundo conhecido. Segundo os historiadores antigos, o número de animais abatidos elevou-se a alguns milhares: Suetónio fala de cinco mil feras mortas num só dia (*Tit.* 7, 7), Díon Cássio de nove mil (66, 25).

Os espectáculos foram variados e satisfaziam todos os gostos: animais amestrados, lutas entre animais de diferentes espécies, combate entre gladiadores, pugnas entre *bestiarii* e animais, presença de mulheres na arena... Além destes, os espectadores daqueles dias memoráveis puderam assistir à encenação de pantomimas, fábulas mitológicas com todas as maravilhas da técnica postas ao serviço do realismo dos cenários, e durante as quais muitas vezes se executavam escravos ou condenados à morte, que representavam o destino trágico das personagens míticas. Houve ainda *ballets* aquáticos, grupos de jovens que desenhavam objectos ou construíam figuras na arena expressamente inundada para o efeito ou em recintos cheios de água que a esse fim se destinavam. Aí se realizaram também as famosas naumaquias, os combates navais em que participavam barcos verdadeiros,

Epigramas

reconstituindo batalhas históricas e fazendo correr o sangue dos beligerantes, na circunstância escravos ou condenados.

Houve também a exibição de alguns espectáculos exemplares e de intenção marcadamente política, como o longo desfile dos muitos delatores castigados e condenados ao exílio por Tito (Suet., *Tit.* 8, 12-3; Díon 66, 19, 3).

E havia a atracção dos *missilia*, os presentes lançados sobre a multidão, perfumes, moedas ou *tesserae*, os 'vales' que podiam ser trocados pelos mais variados bens, taças, alimentos, peças de vestuário, animais, escravos, entradas grátis nos banhos públicos ou nos bordéis.

Roma, à cunha, parou durante esses cem dias para assistir e participar entusiasticamente nos espectáculos. Pedindo a vida de uns e reclamando a execução de outros. Torcendo pelos ídolos e vaiando os menos hábeis. Acreditando na essência divina do imperador, pois quem tanto pode e tanto faz foi certamente tocado pelos deuses. Indiferentes à arena ensanguentada, exigindo sempre novas emoções, esquecidos da miséria e embriagados do orgulho de ser romano, todos se comprimiam e uniam para glorificar Tito.

Marcial esteve lá e fez, em verso, um relato que acompanha de forma quase perfeita, em termos cronológicos, os diferentes espectáculos apresentados. Começa com um grande plano do Anfiteatro (1), observa, em autêntico *zoom*, a estátua colossal de Nero transformada em 'colosso radiante', para logo, em *travelling*, mostrar a zona e o que nela surge de recentemente construído, nomeadamente as Termas de Tito, e, em *flash-back*, recordar o que antes houvera nesses lugares, quando imperava a tirania de Nero (2). Mostra as ruas fervilhantes de gente, homens diversos em seus costumes e desvairadas línguas, unânimes porém no chefe que aceitam e admiram, todos eles acorrendo ao Anfiteatro para assistir aos Jogos, vindos de todas as terras que têm Roma por senhora, em manifestação do poder que se estende a quase todo o mundo conhecido (3). Apoia a punição dos delatores (4; 5), para logo entrar no recinto do espectáculo e evocar as fábulas mitológicas de Pasífae (6), Dédalo (10), Orfeu (24; 25), registar a presença e o denodo das mulheres na arena (7; 8), comprazer-se com o excruciante castigo de um condenado forçado a representar um famoso mimo (9), descrever as *uenationes*, as 'caçadas', as lutas contra e entre animais (11; 12; 13; 14; 15; 16; 19; 21; 22),

Introdução ao Livro dos Espectáculos

celebrar alguns atletas de excepção como o *bestiarius* Carpóforo (17; 26; 32), os gladiadores Mírino e Triunfo (23), Prisco e Vero (31), exaltar as maravilhas da técnica (18) e a arte dos domadores (20), deter-se ante um ou outro imprevisto que mais enriqueceu a festa (14; 15; 16). Depois vê a arena ser inundada para aí ter lugar a naumaquia (27), ou a representação nocturna do hidromimo de Hero e Leandro (28; 29), ou o desfile das graciosas figuras do *ballet* aquático (30). Por fim, num outro lugar não muito distante, no *nemus Caesarum*, em recinto especialmente adaptado para tais espectáculos, obra de Augusto, assiste a novo combate naval (em que participaram três mil homens), e, numa plataforma de madeira colocada sobre a água (*cf.* Díon 66, 25, 3-4), às corridas dos carros e dos cavalos, às lutas de homens e animais (34).

O livro não nos terá chegado completo: pensa-se que se perderam epigramas que documentavam outras provas e números do sumptuoso espectáculo, bem como a entrega dos prémios. Mas o que chegou até nós é por si só elucidativo do poder de observação de Marcial e também do seu sentido de oportunidade. Não é por acaso que, no epigrama 35, o poeta sugere ao imperador uma mostra de favor para quem, como ele, ainda a glória dos Jogos excitava as emoções e marcava as memórias, se apressava a prestar--lhe homenagem e a divulgar-lhe a grandeza.

A recompensa recebida, o *ius trium liberorum*, de muito pouco lhe serviu. Mas revelava-se finalmente o génio do poeta, dos maiores que Roma teve.

Livro dos Espectáculos

1

Cale a bárbara Mênfis o prodígio das suas pirâmides,
    não mais o labor assírio se ufane da Babilónia[1];
o templo de Trívia[2] glória não procure aos requintados Iónios,
    ofusque-se em Delos o altar de múltiplos cornos[3];
nem, suspenso no vazio do ar, o Mausoléu[4],
    com louvores desmedidos, os Cários aos céus elevem.
Todo o labor ao anfiteatro de César o posto cede:
    a única obra que, pelas outras juntas, a fama há-de celebrar[5].

2

Aqui, onde o colosso radiante[6] mais de perto os céus contempla
    e onde se elevam, no meio da Via, soberbas maquinarias[7],
odiosos brilhavam os átrios do fero tirano

---

[1] Referência aos jardins suspensos da Babilónia.

[2] Sobrenome de Diana, enquanto divindade protectora das encruzilhadas. O templo da deusa, edificado no séc. IV a.C., ficava em Éfeso e era notável pelas suas dimensões.

[3] Alusão a um altar feito de chifres entrelaçados, existente em Delos e que, segundo a tradição, era obra de Apolo.

[4] Ou túmulo do rei Mausolo, sátrapa da Cária, mandado erigir pela viúva, Artemísia, cerca de 353 a.C, em Halicarnasso.

[5] Trata-se do anfiteatro dos Flávios, iniciado por Vespasiano, inaugurado por Tito mas concluído apenas no tempo de Domiciano, e que, mais tarde, ficará conhecido por Coliseu. O poeta faz com que ele suplante as cinco maravilhas do mundo referidas nos versos anteriores.

[6] Estátua colossal de Nero, com a altura de cem pés, que primitivamente ornamentava o vestíbulo da *Domus Aurea*. Quando Vespasiano subiu ao poder, substituiu a cabeça de Nero pela do Sol, enquadrada por raios (daí o adj. *sidereus*, 'radiante'). Foi essa estátua que motivou a designação 'Coliseu', vulgar a partir do tempo de Adriano.

[7] Tratar-se-ia de toda a maquinaria, apuradíssima em termos técnicos, que intervinha nos espectáculos, ou talvez, noutra interpretação, das máquinas que terminavam a construção do Anfiteatro e das zonas circundantes.

Epigramas

e um único palácio se erguia então em toda a cidade[8];
  aqui, onde, bem visível, do majestoso anfiteatro
se projecta o edifício, ficavam os lagos de Nero;
  aqui, onde admiramos as termas, célere benesse[9],
aos pobres o tecto arrebatara um arrogante parque;
  onde o pórtico de Cláudio estende as vastas sombras,
a derradeira ala do palácio se extinguia.
  Restituída a si mesma foi Roma e sob o teu governo, César,
São do povo as delícias que só do tirano eram.

3

Que terra haverá tão remota, que gente tão bárbara, César,
  da qual um espectador não se ache na tua cidade?
Veio o habitante de Ródope, do órfico Hemo[10],
  veio ainda o Sármata, saciado em sangue de cavalo[11],
e o que, à nascente, as linfas bebe do Nilo descoberto[12]
  e o que a vaga da derradeira Tétis[13] vem bater;
acorreu o Árabe, acorreram os Sabeus,
  e os Cílices nas nuvens do seu açafrão aqui se embeberam[14].
De cabelos enrolados em nó, vieram os Sigambros,
  e também os Etíopes, de cabelos doutra sorte entrançados.
Diversa ressoa a língua destes povos; contudo, é uma só,
  quando verdadeiro pai da pátria[15] te proclama.

---

[8] A *Domus Aurea*, o fabuloso palácio mandado construir por Nero (o 'fero tirano'). Quando Nero morreu, a *Domus* foi arrasada e, numa parte dos terrenos recuperados, ergueu-se o Anfiteatro, bem como as Termas de Tito (*cf.* v. 7 e Suet. *Tit.* 7, 7 e Díon 66, 25, 1).

[9] Foram mandadas construir por Tito num curto espaço de tempo.

[10] O monte Ródope e o rio Hemo ficam ambos na Trácia, terra evocada pelo nome do mítico Orfeu, que dela era originário.

[11] Os Sármatas tinham fama de que, à falta de outro sustento e quando em campanha, picavam as veias dos seus próprios cavalos e bebiam-lhes o sangue misturado com leite.

[12] Eventual alusão às tentativas para se encontrarem as nascentes do Nilo. Séneca dá-as como descobertas no tempo de Nero.

[13] Esposa do Oceano; o poeta refere-se às paragens mais longínquas do mar.

[14] Era costume, nos espectáculos públicos, aspergir a assistência com uma espécie de 'chuva' de açafrão, com propriedades fumigatórias e fins odoríferos. O açafrão vinha predominantemente da Cilícia, cujos habitantes aqui beneficiam da utilização desse seu produto.

[15] *Pater patriae*, título atribuído aos imperadores após Augusto e, antes dele,

Livro dos Espectáculos

4

A chusma à paz danosa e do plácido repouso inimiga,
eternamente cobiçosa de miserandas riquezas[16],
foi relegada para a Getúlia[17] e a arena não acolheu os culpados:
assim, o delator amarga o exílio que aos outros preparava[18].

5

Foi expulso o delator, da ausónia urbe[19] anda fugido:
tal benesse pode inscrever-se entre as despesas do príncipe[20].

6

Acreditem que Pasífae se uniu ao touro de Dicte[21]:
vimo-lo — e a velha fábula ganhou autoridade[22].
De si não pasme, César, a vetusta antiguidade:
tudo quanto a fama canta, para ti a arena o reproduz.

7

Que o belicoso Marte te sirva com invictas armas,
não basta, César; serve-te, ainda, a própria Vénus[23].

---

a personalidades consideradas como 'salvadores da pátria', *e.g.* Cícero após descobrir e esmagar a conjuração de Catilina.

[16] A riqueza causava a desgraça dos seus possuidores, na medida em que atraía a avidez dos delatores, que ficariam com parte da fortuna da vítima de denúncia.

[17] Região situada no nordeste africano; no entanto, esta lição é insegura.

[18] O exílio e a confiscação dos bens eram as penas mais comuns para os condenados políticos. Tito castigou os delatores, exilando-os em ilhas inóspitas ou vendendo-os como escravos, não sem antes os chicotear em público, no *forum*, e exibir no Anfiteatro, para exemplo e dissuasão da vergonhosa actividade.

[19] Roma.

[20] O imperador Tito que, neste epigrama e também no anterior, é louvado por ter expulso os delatores. Marcial enumera esta medida entre as 'despesas do príncipe', uma vez que o erário público perdia as receitas decorrentes da confiscação dos bens às pessoas acusadas.

[21] Monte de Creta.

[22] Pasífae, filha do Sol e mulher de Minos, rei de Creta, concebeu uma paixão contranatural por um touro. Para se unir a ele, pediu a ajuda de Dédalo, que lhe construiu uma vaca de madeira dentro da qual ela se meteu para conceber o Minotauro. Na arena, representou-se esta fábula, substituindo-se Pasífae por uma condenada *ad bestias*.

[23] Referência à presença de mulheres na arena, participação documentada pelo menos desde o tempo de Nero e confirmada, nestes Jogos, pelo testemunho de Díon (66, 25).

Epigramas

8

Prostrado, no vasto vale, o leão de Némea,
  era o nobre feito de Hércules que a fama decantava[24].
Cale-se a velha crença, pois que, após os teus jogos, César,
  igual proeza vimos já realizada às mãos de uma mulher.

9

Tal como, à cítia fraga agrilhoado, Prometeu
  a contumaz ave com seu peito enorme alimentou[25],
assim as nuas carnes ao urso caledónio ofereceu
  Lauréolo[26], pendente de uma cruz não falsa.
Viviam ainda os lacerados membros, destilando sangue,
  e em todo o corpo nada havia já de corpo.
Teve, por fim, o castigo merecido: do pai
  ou do senhor a garganta cortara, ao feri-lo com a espada;
ou, na sua demência, do ouro arrecadado os templos despojara
  ou então ateara contra ti, Roma, flamas cruéis.
O celerado tinha vencido os crimes da antiga fama:
  com ele, o que havia sido fábula em punição real se volveu.

10

Dédalo, ao seres assim dilacerado por um urso da Lucânia,
  como desejarias ter agora as tuas asas[27]!

---

[24] Alusão a um dos doze Trabalhos de Héracles, Hércules para os Romanos, ao qual Marcial iguala o combate da mulher gladiadora.

[25] Evocação do castigo eterno a que os deuses condenaram Prometeu por lhes ter roubado o fogo para o dar aos homens: agrilhoado no Cáucaso (*cf.* v.1: 'cítia fraga'), uma águia devorava-lhe incessantemente o fígado, que se renovava durante a noite. Hércules acabou por libertá-lo.

[26] Lauréolo era um ladrão que se tornou famoso e que, depois de crucificado, foi lançado às feras. Da sua história e punição nasceu, no tempo de Calígula, um mimo muito aplaudido, aqui representado e aproveitado para a execução de um condenado.

[27] Nova execução de um condenado, desta vez no papel de Dédalo, o mítico artista que construiu o Labirinto de Creta para nele encerrar o Minotauro. Minos também aí prendeu Dédalo e o filho, Ícaro, em castigo por aquele ter ensinado a Ariadne a forma de Teseu sair do Labirinto, quando o herói veio matar o Minotauro. Para se evadir, Dédalo construiu umas asas de cera. Ícaro, porém, não deu ouvidos às advertências do pai: aproximou-se demasiado do sol e as asas derreteram, precipitando-o no mar.

Livro dos Espectáculos

11

Depois de passeado por toda a arena, para ti, César, cometeu
o rinoceronte combates que não havia prometido.
Oh como se inflamou, de cabeça baixa, terrível nas investidas!
Que touro este, para quem um touro não passava de um
[fantoche[28]!

12

Um pérfido leão, de boca ingrata, ferido tinha o domador
e ousara manchar de sangue mãos tão familiares.
Purgou, porém, uma pena digna de tamanho crime;
e ele, que não quisera sofrer o chicote, sofreu os dardos.
Assim devem ser os costumes dos homens sob o governo de um
[tal príncipe,
que obriga a amansar a própria natureza das feras[29].

13

Enquanto, acossado, um urso girava pela arena ensanguentada,
a fuga viu perdida, enredada no visco.
Detenham-se já os dardos brilhantes, com o ferro encoberto,
e não voe a lança agitada e desferida pela mão[30];
apanhe o caçador a sua presa no vazio do ar,
pois que lhe agrada prender as feras com arte de passarinheiro[31].

14

Entre os cruéis episódios da Diana oferecida por César[32],
cravou-se um pique ligeiro numa javalina prenhe

---

[28] Depois de um passeio apático pela arena e quando já nada o fazia prever,
o rinoceronte enfureceu-se e despedaçou o espantalho (*pila*) colocado no
anfiteatro para lhe espevitar o ardor. No v. 4, *taurus* designa, na primeira
ocorrência, o rinoceronte e, na segunda, o fantoche de forma bovina que ele
acabou por atacar.

[29] Tito terá ordenado que matassem o leão.

[30] Terá sido dada ordem para que o animal não fosse abatido e a *uenatio* se
suspendesse, pois, preso o urso no visco, a luta perdia todo o interesse e ferocidade.

[31] Epigrama de sentido algo obscuro: talvez Marcial queira dizer que, se o
caçador recorre ao visco para apanhar as feras, a elas caberá, então, voar como
as aves.

[32] Diana, a deusa caçadora, representa metonimicamente a caça, neste caso
o espectáculo da *uenatio*, que, ao ser patrocinada por Tito, é *Caesarea*.

Epigramas

e saltou fora a criação, do ferimento da pobre mãe.
  Oh, dura Lucina[33], que parição foi esta?
Teria ela preferido morrer, ferida por múltiplos dardos,
  para, a toda a ninhada, esta triste senda abrir.
Quem negará que Baco nasceu da morte de sua mãe[34]?
  Creiam que foi essa a geração do deus, pois assim nasceu uma
  [fera.

15

Ferida por um pesado dardo e trespassada pelo golpe, a mãe
  javalina a um tempo perdeu e concedeu a vida.
Oh, como foi certeira a dextra, ao menear o ferro!
  Por mim, creio que terá havido a mão de Lucina.
Ao morrer, sentiu o poder de uma e outra Diana:
  uma aliviou a mãe, a outra destruiu a fera.

16

Uma feroz javalina de ventre maduro, já pesada pela ninhada,
  pôs cá fora uma cria, em parto provocado por um golpe.
Não ficou o filhote estendido, antes correu, enquanto a mãe caía.
  Oh, quanta a inspiração nos imprevistos do acaso[35]!

17

Aquela que foi, Meléagro, a glória maior da tua fama
  — a morte do javali[36] — que pequena parcela é na de Carpóforo!

---

[33] Lucina é um dos outros nomes de Diana que, além das restantes funções, assistia também aos nascimentos. *Cf.* epigrama seguinte.

[34] Quando Sémele morreu, a gestação de Baco ainda não tinha terminado, pelo que Júpiter, seu pai, o alojou na coxa até que o tempo ficasse completo. Assim, para engrandecer os Jogos, a javalina é comparada a Sémele.

[35] O poeta joga com o duplo sentido de *casus* ('queda' e 'acaso'), implícito ainda no termo *cadente*, do verso anterior; não é fácil reproduzir, em português, esta subtileza estilística.

[36] Meléagro matou o feroz javali que Ártemis, desfeiteada porque se tinham esquecido de lhe oferecer sacrifícios, enviou para assolar Cálidon, na Etólia. Marcial compara Carpóforo com o herói, para marcar a superioridade do *bestiarius*. O mesmo faz em relação a Hércules, com nova alusão ao trabalho em que venceu o leão de Némea (*cf.* v. 4).

Livro dos Espectáculos

Este cravou também dardos num urso que sobre ele avançava,
o mais forte que havia nas alturas do pólo Árctico;
abateu ainda um imponente leão, de corpulência nunca vista,
que poderia ser digno das mãos de Hércules,
e um leopardo em voo derrubou, com um profundo golpe.
E quando, por fim, os prémios recebia, ainda o vigor mantinha[37].

18

Lá porque um touro foi puxado e erguido do meio da arena até
[aos céus,
não foi este caso obra do engenho, mas sim da devoção[38].

19

Um touro havia carregado Europa através de águas fraternas[39],
mas hoje um touro projectou Alcides[40] até aos céus.
Compara agora, fama, o novilho de César e o de Júpiter:
terão levado um peso semelhante, mas este levou-o mais alto.

20

Lá porque piedoso e suplicante, César, um elefante se dobra a
[teus pés[41],
— o mesmo que, pouco antes, pavor tamanho incutia num
[touro —,
não o faz ao mando nem por instrução de qualquer domador:
crê em mim, também ele sente a presença do nosso deus.

---

[37] Seguimos, neste último verso, a lição aceite por IZAAC (*praemia cum tandem ferret, adhuc poterat*) que tem a vantagem de não introduzir o discurso directo, difícil de explicar sem se supor uma lacuna de, pelo menos, dois versos.

[38] Fragmento pouco claro; falaria, possivelmente, de um engenho teatral (*cf. artis*).

[39] Alusão ao rapto de Europa por Júpiter, irmão de Neptuno.

[40] Hércules; o poeta refere-se a um *bestiarius* vestido como o lendário herói.

[41] Os animais eram amestrados para que, tal como os gladiadores, saudassem e prestassem homenagem ao imperador, circunstância que Marcial esconde (v. 3), para sugerir que até os animais irracionais reconheçem a essência divina do *princeps*.

Epigramas

21

Habituado a lamber a mão do domador, sem constituir perigo,
um tigre, glória sem rival dos montes da Hircânia[42],
cruelmente dilacerou, com furiosas dentadas, um feroz leão:
— espectáculo novo e em tempo algum conhecido.
Não ousou nada semelhante, enquanto viveu em densas
[florestas;
depois que entre nós está, maior é a sua ferocidade[43].

22

O touro que, ainda agora, atiçado pelo fogo[44] ao longo de toda a
[arena,
arrebatava os fantoches[45] e os projectava ares fora,
sucumbiu, enfim, atingido por um corno mais potente[46],
ao julgar que um elefante se pode projectar com igual
[facilidade.

23

Porque a Mírino reclamava uma parte da arena, e a Triunfo a
[outra,
César, com ambas as mãos, assegurou-a aos dois.
Não podia a divertida querela conhecer melhor desfecho.
Oh benévolo engenho de um príncipe invencível[47]!

---

[42] Região montanhosa da Pérsia, com fauna abundante.

[43] Marcial referir-se-á ao resultado inusitado da luta entre um leão e um tigre, que este, ao contrário do que normalmente aconteceria na selva, levou de vencida. Tal 'espectáculo novo' (v. 4), que prendia a multidão e suscitava apostas, podia explicar-se pelo aumento de ferocidade dos animais, mantidos em cativeiro e esfaimados nos dias anteriores ao espectáculo.

[44] O 'fogo' (*flammis*) poderá referir-se aos ferros em brasa com que se provocava a fúria do animal.

[45] As *pilae* eram bonecos feitos com trapos, que se enchiam com feno. Serviam para espicaçar os animais que pareciam mansos ou ficavam impassíveis no momento da luta.

[46] Adoptámos a lição defendida por HEINSIUS (*cornu potiore*).

[47] A assistência tinha os seus ídolos e gladiadores preferidos, que reclamava, como fez com Mírino e Triunfo, que dividiam o apoio do público. Tito resolveu a contento a 'querela' entre as claques opostas, fazendo-os combater a ambos.

Livro dos Espectáculos

24

Tudo quanto se diz que Ródope terá admirado no espectáculo
de Orfeu, a arena para ti, César, representou[48].
Rastejaram as fragas e uma floresta admirável se pôs a correr,
semelhante à que se julga ter sido o bosque das Hespérides[49].
Compareceu toda a classe de feras, à mistura com o gado,
e, sobre o poeta, pairaram bandos de aves;
ele, todavia, pereceu, dilacerado por um urso ingrato.
Somente este pormenor é que foi *contraire à la fable*[50].

25

Se a terra, subitamente, de uma fenda[51] enviou
a ursa que atacaria Orfeu, a ordem veio de Eurídice[52].

26

Enquanto receosos domadores espicaçavam o rinoceronte
e, por largo tempo, a ira da enorme fera se continha,
já se desesperava de ver os prometidos combates de Marte.

---

[48] Para a representação de pantomimas, o cenário era recriado na arena com grande realismo, como se evoca nos versos seguintes para o mito de Orfeu.

[49] No lugar paradisíaco do jardim das Hespérides, as filhas da Noite e do Érebo, havia uma árvore que dava maçãs de ouro. Hércules apanhou as maçãs depois de matar o dragão que guardava a árvore.

[50] O objectivo consistira em reproduzir o mito de Orfeu, que, com o seu canto, atrás de si arrastava todos os seres da criação. Porém, um urso mal amestrado matou a pessoa que desempenhava o papel do poeta; daí que seja *ingratus*, na medida em que não foi sensível à música. Outra interpretação plausível é que, por impossibilidade de encenar o desfecho do mito (Orfeu foi despedaçado pelas Ménades, tomadas pelo frenesim ritual de Dioniso, neste caso mulheres da Trácia a cujos encantos ele jamais cedera, inconsolável com a perda de Eurídice), o condenado que fazia o papel de Orfeu foi morto por um urso. No texto de Marcial, a expressão que encerra o epigrama encontra-se em grego; procurámos manter o mesmo efeito ao traduzi-la em francês.

[51] Os animais eram trazidos até à arena por meio de um mecanismo de plataformas que os içavam das jaulas subterrâneas em que eram guardados.

[52] Orfeu, quando perdeu sua mulher Eurídice, conseguiu descer aos Infernos para trazê-la de volta. Mas, por ansiedade ou medo de não ser ela quem trazia pela mão, não cumpriu a condição que os deuses lhe impuseram e olhou para trás, para a ver. Perdeu-a então irremediavelmente. Marcial põe a hipótese de que a ursa tenha sido enviada por Eurídice para que, finalmente, os dois pudessem ficar juntos para sempre no reino dos mortos.

Epigramas

Finalmente, porém, voltou-lhe o furor antes conhecido.
Na verdade, com o duplo corno ergueu um pesado urso,
    tal como o touro aos céus projecta os fantoches que lhe são
                                                    [lançados.
[Com um golpe assim seguro desferia os dardos da Nórica[53]
    a forte dextra de Carpóforo, ainda tão jovem.]
A fera, com um simples golpe de cabeça, projectou um par de
                                                    [novilhos;
    perante ela recuou o possante búfalo e também o bisonte;
para lhe fugir, um leão contra as lanças, de cabeça, se arrojou.
    Anda lá, populaça, e queixa-te agora de esperas demoradas!

27

Se és um espectador tardio, vindo de remotas paragens,
    para quem foi este o primeiro dia dos jogos sagrados[54],
que te não iluda a náutica Enio[55] com seus barcos[56]
    e a onda gémea das vagas do mar: aqui, ainda agora era terra.
Não me acreditas? Aguarda até que as águas fadiguem Marte:
    pequena será a espera e dirás: «Aqui, ainda agora era mar!»

28

Lá porque uma onda nocturna[57] te poupou, Leandro[58],
    escusas de te surpreender: era uma onda de César.

---

[53] Região que corresponde, em termos latos, à actual Áustria e era conhecida pela qualidade do seu ferro. Sobre este Carpóforo, *cf.* epigramas 17 e 32.

[54] Os jogos são sagrados (*sacri muneris*) porque os dá o imperador, cuja essência é divina (*cf.* epigrama 33, v. 7).

[55] Denominação grega da deusa da guerra, 'Belona' na designação latina (de *bellum*, 'guerra').

[56] A naumaquia então representada simulou a luta entre os habitantes de Corcira (hoje Corfu) e os de Corinto.

[57] Durante a noite, o espectáculo continuava à luz de archotes. Recorde-se que, aquando da perseguição movida por Nero contra os cristãos (que ele, para iludir a suspeita que sobre si mesmo pesava, acusou de terem incendiado Roma), alguns dos condenados foram transformados em tochas humanas, para iluminar durante a noite os espectáculos nos jardins do imperador.

[58] Leandro era um jovem de Abidos (cidade da Ásia Menor, no Helesponto) que amava Hero, sacerdotisa de Afrodite, a qual vivia numa cidade da margem oposta, Sesto. Todas as noites, o rapaz atravessava o estreito para se encontrar com a apaixonada, sendo guiado por uma luz que Hero acendia no alto da casa onde habitava. Numa das travessias, uma tempestade apagou a chama,

Livro dos Espectáculos

29

Quando o audaz Leandro demandava os seus doces amores
    e, cansado, ia ser engolido pelas águas encapeladas,
diz-se que o pobre às ondas alterosas assim falou:
    «Poupem-me à ida, afoguem-me antes no regresso.»

30

Exibiu-se um gracioso cortejo de Nereides por toda a líquida
                                        [planura
    e coloriu as águas dóceis de variegados quadros.
Foi um tridente ameaçador, com seu dente espetado, uma
                                        [âncora recurva;
    julgámos ver um remo e julgámos ver um barco
e refulgir a constelação dos Lacónios[59], aos nautas grata,
    e enfunarem-se as largas velas, de bojo bem traçado.
Quem seria o inventor de tamanhas artes nas límpidas ondas?
    Ou Tétis estes jogos ensinou ou então aprendeu-os ela[60].

31

Alongava-se Prisco no combate, alongava-se também Vero[61],
    e Marte igual para ambos se mostrava, havia bastante tempo;
repetidamente a dispensa[62] para os lutadores foi pedida, em alta
                                        [grita.
    Mas César, esse quis manter-se fiel à sua lei:
e a lei era lutar até que, deposto o escudo, um deles erguesse o
                                        [dedo[63].

---

impossibilitando Leandro de encontrar o caminho. Quando, na manhã seguinte, Hero viu o cadáver do amado, que tinha dado à costa, precipitou-se no mar para se lhe juntar na morte. No caso da *fabula* aqui representada, a onda de César teria, pelo contrário, poupado a pessoa que desempenhava o papel do jovem enamorado.

[59] Castor e Pólux.

[60] Tétis é uma das Nereides (*cf.* v. 1), ninfas marinhas filhas de Tritão. Uniu--se a Peleu, um mortal, e desse casamento nasceu Aquiles. O final do epigrama sugere que poderá ter sido Tétis a aprender com Tito a beleza das figuras desenhadas na água.

[61] Dois gladiadores famosos na altura.

[62] A *missio*, dispensa, era a autorização para que o combate cessasse, neste caso porque não havia vencedor nem vencido. O *munus sine missione* era, assim, o combate que só terminava com a morte de um dos oponentes (*cf.* v. 5).

[63] Em sinal de rendição e para implorar a vida.

Epigramas

Fez o que podia e ofereceu-lhes, várias vezes, pratos[64] e
[presentes.
Achou-se, no entanto, o fim deste indeciso combate:
iguais foram na luta, iguais foram na queda.
A um e a outro enviou César a vara da dispensa[65] e a palma da
[vitória:
este foi o prémio alcançado pela coragem e pela habilidade.
Com nenhum outro príncipe a não ser tu, César, tal evento
[aconteceu:
que fossem dois os combatentes e ambos saíssem vencedores.

32

Se os tempos de antanho, César, um Carpóforo houvessem
[criado,
nem a bárbara terra à fera partaónia[66],
nem Maratona ao touro[67], nem a frondosa Némea ao leão,
nem a Arcádia ao javali do Ménalo[68] teriam medo.
Se ele nas mãos tomasse as armas, a Hidra morreria de uma
[vez só;
um único golpe lhe bastaria para derrubar a Quimera inteira[69].
Poderia meter sob o jugo, sem o apoio da Cólquide, os touros
[igníferos,

---

[64] As *lances* (sg. *lanx*) eram pratos grandes e redondos, em prata ou outro metal. Neste caso, é neles que Tito faz transportar os presentes que concede aos gladiadores. O prato fazia parte da oferta.

[65] A vara da dispensa, *rudis*, simbolizava uma espécie de 'reforma' honrosa para um gladiador que, por ter combatido valorosamente, ficava desobrigado da sua actividade. Voltaria à arena apenas se o quisesse e, nesse caso, fazia-se geralmente pagar a peso de ouro. Recorde-se que os gladiadores raramente eram livres.

[66] Javali da Etólia, morto por Meléagro; o nome provém do rei Partáon (ou Portáon). Seguimos, neste verso, a correcção proposta por BUECHELER (*non Parthaoniam barbara terra feram*), se bem que o solução continue insatisfatória.

[67] Medeia, inimiga de Teseu, fez com que ele fosse combater um monstruoso touro, que lançava fogo pelas ventas e assolava a planície de Maratona. Teseu capturou-o e ofereceu-o em sacrifício a Apolo.

[68] Monte da Arcádia onde vivia o animal, que Hércules, em mais um dos trabalhos a mando de Euristeu, capturou.

[69] A Hidra de Lerna era um dragão com sete ou nove cabeças; a Quimera era um monstro terrível, que cuspia fogo e tinha corpo de leão, de cabra e de serpente. A primeira foi morta por Hércules e a segunda por Belerofonte, não sem dificuldades.

Livro dos Espectáculos

poderia vencer ambos os monstros de Pasífae[70].
Se se repetisse a velha fábula do monstro marinho,
ele sozinho libertaria Hesíone e Andrómeda[71].
Enumere-se a glória das empresas de Hércules: é mérito maior
num único dia conseguir subjugar duas vezes dez feras[72].

33

Quando, acossada, a gazela fugia aos velozes molossos[73]
e, com artifícios vários, ia urdindo demoras sobre demoras,
suplicante, aos pés de César, na atitude de quem roga
estacou e os cães não chegaram a tocar na presa.
...   .
Por ter reconhecido o príncipe, recebeu esta graça[74].
César possui génio divino: este seu poder é sagrado, sagrado
                                                 [mesmo.
Podem crer: as feras não aprenderam a mentir.

34

A obra de Augusto[75], aqui, consistiu em fazer recontros de frotas
e em agitar as vagas com a tuba marinha.
Mas que é isso perante as empresas do nosso César? Nas ondas
                                                 [viu
Tétis, e também Galateia[76], monstros desconhecidos;

---

[70] A Cólquide é Medeia, que ajudou Jasão na empresa referida no texto; os monstros de Pasífae são o touro de Creta, ao qual se uniu, e o Minotauro, nascido dessa relação contrária à natureza.

[71] Hesíone, filha de Laomedonte, rei de Tróia, e Andrómeda, filha de Cefeu, rei da Etiópia, foram ambas expostas a monstros marinhos; a primeira foi salva por Hércules e a segunda por Perseu.

[72] Ao passo que Hércules necessitara de vários anos para cumprir as doze tarefas que lhe haviam sido impostas.

[73] Cães de caça de reconhecida eficácia.

[74] Por o texto ser lacunoso, a tradução é apenas aproximada.

[75] Referência à primeira naumaquia, dada por Augusto em 2 a.C., no *nemus Caesarum*, o bosque dedicado a Gaio e Lúcio, netos e filhos adoptivos do imperador. Aí foi escavado um extenso terreno que, cheio de água, trazida por um aqueduto de um lago, permitiu a realização de um combate naval que reconstituiu a batalha de Salamina. Tito encenou neste local o desembarque dos Atenienses em Siracusa.

[76] Uma das Nereides. Os 'monstros desconhecidos' são os animais não marinhos que participavam nas *uenationes* encenadas na água.

Epigramas

na rebentação da água, carros efervescentes viu-os
Tritão[77] e cuidou que haviam passado os cavalos do seu
[senhor[78].
E, quando aparelhava ferozes combates entre terríveis navios,
[Nereu[79]
sentiu arrepios ao percorrer a pé as límpidas águas.
Tudo quanto no circo[80] e no anfiteatro[81] se pôde ver
outro tanto a engenhosa onda, César, em tua honra excedeu.
Calem-se o Fúcino[82] e os lagos do sinistro[83] Nero:
as gerações futuras recordarão somente esta batalha naval.

35
Perdoa estes improvisos: não merece o teu desagrado
quem se apressa, César, para te agradar.

36
Ceder o posto ao melhor é ficar em segundo no pódio da
[virtude;
pesada é a vitória que um adversário inferior pode alcançar.

37
Dinastia Flávia, quanto valor te retirou o terceiro herdeiro[84]!
Quase mais valia que não houvesses tido os outros dois[85].

---

[77] Divindade marinha, filho de Posídon.

[78] Neptuno.

[79] Divindade marinha, pai das Nereides. Tratar-se-á aqui de alusão a um dos encarregados de preparar os Jogos, em vestes que o identificam com Nereu, e que atravessa a plataforma de madeira para aprontar os pormenores necessários ao início do espectáculo.

[80] *Cf.* vv. 5-6.

[81] *Cf.* v. 4.

[82] Lago da Itália meridional, onde Cláudio ofereceu, no ano 52, uma naumaquia. Os 'lagos de Nero' referem-se às duas naumaquias por ele dadas, em 57 ou 58 e em 64, no lugar para isso preparado por Augusto ou, segundo outros, nos lagos da *Domus Aurea*.

[83] Seguimos a lição *diri*, defendida por HEINSIUS.

[84] Domiciano.

[85] Vespasiano, seu pai, que governou de 69 a 79, e Tito, seu irmão, imperador de 79 a 81. Obviamente, este epigrama foi escrito após a morte de Domiciano, em 96. O poema foi colocado no *Livro dos espectáculos* apenas a partir de uma edição do século XVII e provém de um escólio a Juvenal.

EPIGRAMAS

Introdução

Os três primeiros livros dos *Epigramas*

Não é possível fixar com rigor a data da edição destes três livros de Marcial. Partindo, todavia, de algumas indicações que os próprios poemas fornecem, tudo aponta para que o Livro I tenha saído entre os anos 85 e 86, o II em 87 e o III em 87 ou 88, durante o período que Marcial passou longe de Roma, em *Forum Cornelii*, a Ímola dos nossos dias.

Desde os primeiros epigramas, encontramos a variedade de temas que hão-de tornar a obra de Marcial uma das mais ricas e interessantes da literatura de todos os tempos. Desfilam perante os nossos olhos todos os tipos e personagens que o espírito observador e mordaz do poeta não deixa passar sem que os disseque, geralmente retratando-os em pinceladas rápidas mas certeiras, numa vasta galeria que nos desvenda, com realismo e humor, a sociedade romana do fim do séc. I.

Logo no Livro I aparecem-nos os caçadores de heranças (10), os falsos moralistas (24; 96), os devassos mais ou menos assumidos (23; 34; 62; 73; 74; 77; 90; 94), os plagiários (29; 38; 52; 53; 63; 66; 72), os novos-ricos, parolos e convencidos (37; 41), os comerciantes desonestos (56), as mulheres ridículas ou afectadas (64; 100), os caloteiros e os 'cravas' (75; 98; 117), os maridos coniventes (73), os beberrões e beberronas (11; 26; 28; 87), os literatos presumidos e invejosos (91; 110), os profissionais incompetentes, como o advogado (97) ou o médico-cangalheiro (30; 47). Damos apenas exemplos do Livro I, porque é aí que o 'jogo' se lança, mas nos outros livros encontraremos os mesmos tipos, nas mesmas ou em outras situações, ampliados os defeitos e os tiques, com igual vivacidade e precisão no traço com que são criados.

Epigramas

Também encontramos desde logo o gosto pelo grotesco e uma quase sádica abordagem, quantas vezes roçando o *nonsense*, dos defeitos físicos ou da decrepitude. É o caso de I 19 e da desgraçada Élia, que vai cuspindo os dentes em sucessivos ataques de tosse, mas também o do retrato hiperbólico da velhíssima e esquelética Vetustila (III 93), que enviuvou duzentas vezes mas ainda arde em desejos de casar-se de novo. Note-se que, neste último caso, o epigrama atinge uma extensão desusada, o que não vem mais que coadjuvar o amontoado de impiedosas setas que Marcial lança, com mão certeira, para a atacar. Esse processo contrasta, por isso, com o que lhe é mais habitual: em poucos versos e em poucos traços, como em I 24, é dito o essencial para que, de imediato, se nos desenhe um tipo, distinto em si mesmo, mas reflexo de todo um grupo.

Surgem também os epigramas em que Marcial critica implicitamente o desconcerto social da sua época, ele que era obrigado a depender de outros para sobreviver. Desde logo vem ao de cima a revolta contra os patronos indignos e sovinas (I 20; 43; 99; 103), contra a rápida ascensão dos que o não merecem, contra a injustiça de não ter o poeta meios de subsistência, acabados que foram os mecenas de outros tempos (I 107). Desde o primeiro momento, Marcial sente e acusa o peso dos deveres de cliente (I 108), autêntica escravidão que não lhe deixa tempo para viver a verdadeira vida nem para escrever (I 70). No Livro III, revela-se mesmo empenhado na denúncia do descontentamento geral provocado pela alteração do regime da *sportula*, que Domiciano abolira enquanto contribuição monetária dos patronos para com os clientes, e substituíra pela obrigação de uma refeição diária (III 7; 14; 30; 60).

No entanto, e porque Marcial tem necessidade de sobreviver, não é de admirar que componha epigramas adulatórios, os que se dirigem ou celebram as grandezas do *princeps* no poder. No Livro I há todo um ciclo de poemas dedicados aos Jogos dados por Domiciano em celebração do triunfo sobre os Catos (14; 22; 44; 48; 51; 60; 104), bem como alusões à sua *censoria potestas* (4) e à campanha militar que se preparava contra os Dacos (22). No Livro II encontramos o louvor explícito dos anteriores Flávios, Vespasiano e Tito, superado obviamente pela proclamada glória de Domiciano (2). Curiosamente, no Livro III, talvez porque está

Os três primeiros *Livros dos Epigramas*

longe de Roma e, em *Forum Cornelii*, precisa mais dos amigos e patronos que dos detentores máximos do poder, Marcial não alude directamente ao imperador, ficando-se pela referência a um benefício que ele próprio recebeu da instância suprema (95).

Ora, uma vez que o apoio do imperador é falível e sem dúvida insuficiente, Marcial dirige numerosos epigramas a patronos e amigos. No Livro I encontramos a maior parte daqueles que vão acompanhar toda a obra do poeta e lhe são mais próximos: Arrúncio Estela (7; 44; 61), Júlio Marcial (15), Estertínio Avito (16), Aulo Pudente (31), Cânio Rufo (61; 69), Faustino (25; 114), Quinto Ovídio (105), Materno (96), Júlio Próculo (70). Outros dos homenageados são gente famosa e bem colocada para lhe garantir algum apoio, embora não lhe dêem a amizade que sentimos avessa a estas relações de clientela. É o caso do advogado e delator Aquílio Régulo (12; 82; 111), dos irmãos Tulo e Lucano (36), de Licínio Sura (49), do filósofo Deciano (8; 24; 39; 61). São, daí para a frente, muito menos os amigos que chegam a este círculo. O que se alarga é a mancha dos patronos. No Livro II, por exemplo, além de Atédio Mélior (69), o único nome novo que se evoca é o de Quintiliano (90), mas, significativamente, esse é o único epigrama que lhe é dedicado em toda a obra.

Do ponto de vista pessoal, o poeta manifesta, desde a primeira recolha, sentimentos muito fundos que, por si só, chegam para desvanecer algum constrangimento que os poemas mais escabrosos eventualmente provocam no leitor. Embora em alguns casos haja clara encomenda por parte da família ou amigos dos desaparecidos, são de apreciar os epigramas sepulcrais ou os epicédios sobre a morte de Festo (I 78), Aquino e Fabrício (I 93), mas sobretudo dos que são jovens de mais para partir, como os escravos Álcimo (I 88) e Demétrio (I 101) ou a pequenina Antula (I 114;116). Despontam as primeiras sementes da saudade da pátria, que o hão-de conduzir a desejar o regresso a Bílbilis, alguns anos depois (I 49), como também se sente a urgência do *carpe diem* perante a vida que foge (I 15) ou o desejo, que ganha raízes, de uma vida simples (I 55).

Será ainda de ter em consideração alguns aspectos da técnica do epigrama que, levados à perfeição logo desde os primeiros livros, farão de Marcial o maior expoente do género, aquele que, daí em diante, todos hão-de tomar como modelo.

Epigramas

No desenho dos 'tipos', Marcial não os cria estáticos. Vejamos um exemplo: o parasita a quem dá o nome de Sélio, cujo único objectivo é conseguir que o convidem para jantar, é acompanhado e observado em momentos diferentes dessa 'caça', consoante os epigramas que o tomam como alvo. Com isso consegue o poeta acentuar as mil artes de Sélio e as suas variadas e insistentes tentativas para obter o jantarzinho. Com isso sublinha a obsessão que é para Sélio, 24 horas por dia, encontrar quem finalmente o leve para jantar. Veja-se, pois, que, em II 11, Sélio já percorreu Roma de lés-a-lés e desespera porque nada conseguiu. Naquela noite vai passar fome. A personagem está apresentada, em toda a sua força e mesquinhez. Em II 14, encontramo-lo em plena correria, nos locais mais frequentados, sem descurar ninguém, atrás de uns e de outros, numa azáfama insuportável mas divertida. Em II 27, por fim, Sélio apoia o potencial anfitrião nas leituras públicas, no tribunal, onde quer que ele vá, em alta grita de aplauso que só cessa quando enfim sente a comidinha garantida.

Na criação de uma personagem, por outro lado, Marcial recorre a um processo afim, mas confinado a um único epigrama, quando, por exemplo, por sucessivas comparações ou metáforas, desenha uma figura, como a do parolo Cecílio (I 41), ou sugere uma sensação, como a do aroma que exalam os beijos do jovem Diadúmeno (III 65).

Um mesmo nome pode 'perseguir' um mesmo tipo, o que, por acúmulo, nos dá a imagem de alguém que é paradigma do defeito ou vício apontados. Veja-se o caso do plagiário Fidentino (I 29; 38; 53; 72) ou do Póstumo importuno e repelente de II 10; 12; 21; 22; 23; 67. Marcial diverte-se até com as pistas que vai deixando, recusando-se a abrir por completo o jogo, como quando explica que não vai revelar o verdadeiro nome de Póstumo, porque ele se poderá vingar (II 23), ou quando baralha os dados para pôr a ridículo os alvos do seu sarcasmo, como faz com o Quinto que ama Taís, mas que afinal até pode muito bem ser Sexto e ela Taís, que o caso vem dar ao mesmo (III 8; 11).

As remissões internas são, de resto, numerosas e quase sempre resultam em efeito jocoso. Em III 86, por exemplo, lembra que já tinha avisado as senhoras e meninas pudicas de que aquela parte do livro não era para elas, pela pouca ou nenhuma decência que a caracteriza. Esse aviso fora, de facto, feito alguns epigramas antes (68). Mas agora o poeta evoca-o para, divertido, 'verificar' que,

Os três primeiros *Livros dos Epigramas*

afinal, as meninas castas continuam a leitura, deliciadas. Veja-se também o exemplo do sapateiro Cerdão, que resolveu promover--se socialmente oferecendo Jogos do seu bolso, e que Marcial não larga de vista em III 16, 59 e 99, remetendo este último epigrama para os dois anteriores.

Repare-se ainda que, pela lei da *uariatio*, dois ou mais epigramas sobre o mesmo tema não devem estar seguidos. É o que Marcial geralmente faz. Basta ver o exemplo, no Livro I, do ciclo dos leões e das lebres, nos Jogos de Domiciano. Mas, por vezes, a infracção a essa lei resulta em efeitos inesperados de hiperbolização, que o poeta não hesita em aproveitar, como acontece na sequência de I 26, 27 e 28, sobre os beberrões. Veja--se, também, o efeito conseguido em III 44 e 45 com a insistência e ampliação do retrato do Ligurino que a todos espanta, porque é "demasiado poeta", figura a que o poeta volta, no epigrama 50, para o retoque (e a 'estocada') final.

Além disso, um poema pode constituir resposta a outro, nomeadamente ao anterior, como acontece em I 4 e 5. Outras vezes, um epigrama surge, como auto-defesa, logo a seguir a outro em que Marcial infringiu regras ou ultrapassou as marcas da conveniência. É o caso de I 109 e 110, em que este desafia e justifica a lei da brevidade do epigrama, quando aquele é um dos epigramas mais longos de Marcial; ou também III 82 e 83, em que o segundo é claro contraponto, em termos de brevidade, à extensão inusitada do anterior. No caso de I 34 e I 35, por seu turno, este justifica de forma jocosa (a 'lei dos versos brejeiros') o epigrama precedente, de linguagem e tema da maior crueza.

Outras vezes, ainda, uma mesma circunstância merece tratamento sob dois prismas, um mais sério, outro mais leve, mostrando assim as duas faces da realidade. É o que acontece em II 91, dirigido a Domiciano, e II 92, em que Marcial brinca com a confirmação do direito dos três filhos, que lhe fora atribuído.

A escolha do nome dos visados nem sempre é inocente. A velhíssima *Vetustilla* (III 93), o 'apressado' *Velox* (I 110), o insignificante *Cerdo* (III 16; 59; 99) têm no seu nome próprio uma indicação suplementar do traço caricatural que suscita o ataque.

Na forma de construir o epigrama, e sobretudo no que respeita ao modo como 'conduz' o leitor à conclusão ou ao efeito pretendidos, a técnica de Marcial é soberbamente certeira e variada.

Epigramas

O epigrama apresenta-se amiúde como um silogismo, de que são apresentadas as premissas, para logo se tirar uma conclusão que, sendo lógica, é de todo inesperada (por ex. I 37; III 25). O efeito paradoxal ou imprevisto surge, num dístico, num verso, num hemistíquio, numa só palavra, sempre no fim do epigrama, sempre a contrariar aquilo que parecia evidente ou a revelar um insuspeitado aspecto que se traz à luz do dia (por ex. II 57). Por vezes, o poeta faz pensar que é injusta uma acusação de que é alvo uma determinada personagem. Nega-a, rebate-a, aparentemente defende a ofendida vítima. Para terminar mostrando que é ainda pouco o que se diz sobre essa personagem, para logo fazer uma acusação bastante mais grave, que, essa sim, é verdadeira e indiscutível (I 28; 64; II 28; 56; III 26).

Outras vezes o poeta coloca uma questão que ele próprio resolve (I 20; III 68), ou reproduz um imaginado diálogo em que alguém lhe faz uma pergunta a que ele logo responde (I 57; II 38). É o jogo do 'eu e tu', em que se fala de um 'ele', em que se aponta descaradamente um terceiro sobre quem se conta o que ele quer esconder ou o que se suspeita de mais ignominioso (I 24; II 17; 29; 74). Outras vezes a interpelação é directa, à queima-roupa, como se o poeta não quisesse deixar tempo ao visado para congeminar a defesa ou ensaiar um recuo (I 18; 20; II 19; 42; III 23; 85). Outras vezes, ainda, a acusação e a denúncia escondem-se em divertida ironia (II 65) ou em saborosas charadas de resolução evidente ou fornecida pelo poeta (II 84; III 71; 98). Ou, então, Marcial faz-se eco de um rumor, de um boato, para o confirmar ou escalpelizar a situação divulgada (I 29; II 40; 72; III 63; 80; 87).

O jogo do 'gato e do rato' estabelece-se amiúde com o próprio leitor, frequentemente interpelado, quantas vezes em aberta provocação (II 8). Veja-se I 10. Nos vv. 1-2, o poeta lança os dados de uma situação absolutamente natural e, na aparência, nada suscita estranheza. Desse modo, a pergunta do v. 3 deriva apenas da curiosidade atiçada. De imediato se compreende, porém, que se seguiu uma pista falsa, dada a resposta imprevista que o poeta dá, ainda no v. 3. Ora, tal resposta, por sua vez, adensa o mistério, a perplexidade, de que nasce naturalmente a nova pergunta do v. 4. A explicação para toda a charada vem no fim, inesperada e à primeira vista absurda, concentrada numa só palavra: *Tussit*. Ela tosse.

Os três primeiros *Livros dos Epigramas*

O jogo vive também de aspectos linguísticos. Marcial usa as palavras brincando com os seus variados sentidos (como *liber* em I 67; *agere* em I 79; *ponere* em I 43, *nihil* em III 61), recorre a falsas etimologias que ele próprio inventa ou divulga (III 67,10; III 78), faz trocadilhos e malabarismos com as palavras, os nomes e os conceitos (I 65; 84; 98; III 34). O tom coloquial e de partilha com o leitor, ou então a interpelação directa e abrupta do visado, acentuam-se por constantes apóstrofes (*crede mihi*, *dic mihi*, *rogo*, *refer*: por ex. I 41, 2; I 20, 1; III 63, 2; III 44, 9; III 38, 2) ou incisos como *puto, si memini, si non molestum est* (por ex. I 102, 2; III 95, 4; I 19, 1; I 96, 1).

A utilização abundante do *sermo quotidianus*, da linguagem do dia-a-dia, contribui também para a vivacidade dos epigramas e para os tornar próximos da realidade e do leitor. Marcial usa palavras raras na poesia (I 3, 5: *rhonci*; I 30, 1 e 47, 2: *uispillo*; I 41, 20; *caballus*; I 3, 7: *basia*; I 41, 13: *bucca*....). Nos epigramas que roçam a obscenidade ou a assumem abertamente, Marcial não poupa as palavras e, como ele próprio defende que é seu direito, 'chama as coisas pelos seus nomes'. Por vezes, os termos mais grosseiros fecham mesmo o poema, com a intenção clara de chocar, como em I 34; II 33; 47; 83. Muitos dos vocábulos do quotidiano (objectos, actos e órgãos da intimidade) aparecem, com Marcial, pela primeira vez na poesia e, alguns deles, em toda a literatura latina.

Não podemos, nem quereríamos, esgotar as pistas de leitura e análise da técnica epigramática que se revelam nestes mais de trezentos poemas de Marcial. Ao leitor caberá descobri-las, confirmá-las e encontrar o fio condutor de toda a obra. É que, como mandam as leis do epigrama, cada composição ocupa-se de um só tema. E Marcial respeita essa lei. Mas o que resulta do conjunto é um autêntico caleidoscópio de imagens e de pessoas, mesquinhas, como o Zoilo de III 82, ou grandiosas, como a Árria de I 13, um álbum de instantâneos e de pequenas histórias, jocosas, se colhidas do que o quotidiano tem de divertido ou absurdo (III 24; 91), ou amargas, se tiradas do que a existência tem de mais cruel (II 75; III 19). Por isso nos parece que o olhar exigente e quase sempre sarcástico do poeta mais não faz do que mostrar-nos gente igual àquela com quem hoje nos cruzamos nas ruas ou com quem convivemos no nosso dia-a-dia.

LIVRO I

Espero ter seguido, nos meus escritos, tal comedimento que deles queixar-se não possa quem quer que tenha um bom conceito de si próprio, já que eles gracejam de modo a salvaguardar o respeito até pelas pessoas mais humildes: respeito esse que faltou aos autores antigos,[1] a ponto de abusarem não somente de nomes verdadeiros, mas até de grandes nomes. Que a fama me custe menor preço e o espírito mordaz seja a última coisa a ser apreciada em mim. Fique bem longe da inocuidade dos meus gracejos o glosador maligno e não se substitua ao autor dos meus epigramas: procede indignamente quem mostra talento à custa de um livro alheio. A sinceridade brejeira das palavras, isto é, a linguagem dos epigramas, dela me escusaria, se fosse meu o exemplo: é que assim escreveu Catulo, assim Marso, assim Pedão, assim Getúlico,[2] assim qualquer um se quer ser lido de fio a pavio. Se alguém quer parecer tão austero que, junto dele, em nenhuma página, é lícito falar latim autêntico,[3] pode contentar-se com a introdução, ou, antes, com o título. Os epigramas são

---

[1] Alusão a alguns autores que, como Lucílio (séc. II a. C.) e Catulo (séc. I a. C.), atacaram personalidades de relevo, como por ex., no caso de Catulo, Júlio César. Marcial tem ainda que respeitar a determinação de Domiciano, que proibira a divulgação de escritos infamantes contra pessoas.

[2] Catulo, Domício Marso, Albinovano Pedão e Lêntulo Getúlico são autores (não apenas de epigramas) dos séculos I a.C. e I d.C., que Marcial considera seus mestres. Da obra dos três últimos restam-nos escassos fragmentos.

[3] A expressão *latine loqui* pode também entender-se como 'chamar as coisas pelos nomes', 'não ter papas na língua', sem evitar vocábulos menos educados ou claramente obscenos.

Epigramas

escritos para aqueles que costumam ver as Florais.[4] Não entre Catão no meu teatro, ou, se entrar, que seja espectador.[5] Acho que estou no direito de encerrar este preâmbulo com alguns versos:

Se conhecias o culto grato à jocosa Flora,
os divertidos gracejos e a licenciosidade do vulgo,
porque vieste, Catão severo, ao teatro?
Terás vindo só com o fito de sair?

1

Este é aquele que lês, aquele que reclamas,
Marcial, conhecido em todo o mundo
pelos seus argutos livrinhos de epigramas.[6]
Foi a ele que tu, dedicado leitor, deste,
em vida e no seu perfeito juízo, uma glória
que raros poetas alcançam depois das cinzas.

2

Tu que, em todo o lado, desejas ter contigo meus epigramas
e que companheiros os queres de longas jornadas,
compra esta edição que o pergaminho condensa em breves
[páginas:[7]

---

[4] Os *Floralia* (*Ludi Florales*), festival em honra da deusa Flora, realizavam--se entre 28 de Abril e 3 de Maio. Dava-se largas à licenciosidade, como é natural em ritos associados à fertilidade, nomeadamente na representação de mimos.

[5] Catão de Útica era exemplo de austeridade para os Romanos. Durante as Florais, entrou no teatro onde se representavam mimos, por natureza brejeiros, que incluíam a *mimarum nudatio*, o *strip-tease* das actrizes reclamado pelos assistentes. Por respeito para com Catão, nesse dia não o fizeram, mas ele, compreendendo que era a sua presença que os impedia, retirou-se do teatro, gesto que lhe valeu uma estrondosa ovação.

[6] Marcial alude aos seus livros anteriormente publicados ou aos poemas que circulavam entre amigos e pela cidade. Há quem pense que o epigrama se justifica por se tratar da 2ª edição deste livro.

[7] Marcial refere as vantagens da edição do seu livro no formato de *codex*, em pergaminho, sobre o formato de *uolumen*, em papiro: maior resistência (o que permite levá-lo para qualquer lado), menor volume (o pergaminho escrevia--se de ambos os lados, o papiro apenas num). A publicidade justifica-se pela ainda tímida aceitação do *codex* nesta época.

Livro I

Reserva os escrínios[8] para as grandes; a mim, uma só mão abarca.
Mas, para que não ignores onde me vendem e vagueies
errante por toda a Urbe, se eu te guiar, estarás seguro:
procura Secundo, liberto do douto Lucense,[9]
por trás do limiar do templo da Paz e do foro de Palas.[10]

3

Preferes habitar as tendas do Argileto,[11]
quando tens, pequeno livro, espaço de sobra nas minhas
[estantes.
Desconheces, pobre de ti, desconheces os desdéns da Roma
[soberana:
acredita em mim, a turba de Marte[12] tem um paladar assaz
[difícil.
Em parte alguma há maiores escarninhos: quer os jovens, quer
[os velhos,
e até as crianças têm nariz de rinoceronte.[13]
Quando ouvires um grande 'bravo', ainda estás a atirar beijos,[14]
e já te sentirás baldeado ao ar em esticado saio.[15]
Mas tu, para não sofreres tantas vezes as rasuras do teu dono,
ou para que uma severa pena não censure os teus gracejos,

---

[8] Os *scrinia* eram caixas cilíndricas onde se guardavam as obras em papiro (v. XIV 37).

[9] Para publicar a sua obra, o autor vendia o manuscrito a um *bibliopola* ou *librarius*, que o mandava copiar e vendia os exemplares (sem lucro para o autor).

[10] O *Templum Pacis* foi consagrado em 75 por Vespasiano e celebrava a vitória sobre os Judeus. O foro de Palas (Minerva), assim denominado porque aí se erguia um templo dedicado à deusa, é o *Forum Transitorium* construído por Domiciano. Mais tarde chamou-se *Forum Neruae*, do nome do imperador que o consagrou em 97. Por trás deste foro ficava o Argileto, o bairro onde se concentrava a maior parte dos livreiros de Roma.

[11] Cf. nota a I 2, 8. É aí que o livro de Marcial irá ser posto à venda.

[12] Os Romanos, que se diziam descendentes de Marte (de quem Reia Sílvia concebeu Rómulo e Remo).

[13] A metáfora sugere o corno do animal, que fere tudo e todos, e traduz a crítica a que todos se dedicavam e que a ninguém poupava. O *nasus* era, para os Romanos, o órgão que representava o sentido crítico.

[14] Forma de agradecer ao público o seu aplauso.

[15] O *sagum*, saio, era uma peça de vestuário de forma rectangular que, aberta, se assemelhava a uma manta. A 'brincadeira' aqui referida consistia em humilhar alguém que, posto num *sagum* esticado e agarrado pelas pontas, se ia atirando ao ar.

Epigramas

desejas, meu atrevido, esvoaçar pelas etéreas brisas.
Vai, foge; mas poderias estar mais seguro em casa.[16]

4

Se por acaso, César, pegares nos meus epigramas,
desfranze o cenho que governa o mundo.[17]
Também os teus triunfos estão habituados a suportar gracejos,
nem se envergonha o general de ser assunto de anedotas.[18]
Tal como assistes à exibição deTímele e do cómico Latino,[19]
com os mesmos olhos[20] te peço que leias meus poemas.
A censura[21] pode permitir gracejos inocentes:
a minha página é licenciosa; a vida, honesta.

---

[16] O temor que Marcial manifesta neste epigrama, em contraste com a confiança demonstrada nos dois primeiros epigramas do livro I, faz pensar que teria sido escrito como introdutório de uma primeira edição deste livro. A modéstia pode, contudo, ser aparente. O poeta parece estar a seguir um *topos* frequente nos proémios, com alusão aqui à epístola 1.20 de Horácio. De qualquer modo, o epigrama apresenta um quadro caricatural do público de Roma, e manifesta também os riscos decorrentes de uma publicação. Ao escrever este epigrama, Marcial não está ainda seguro de poder contrapor à crítica oficial a aceitação dos seus fiéis leitores; cf. a edição do livro I comentada por M. CITRONI, 22-24 e, do mesmo autor, " Un proemio di Marziale (I, 3)": *Studia Florentina Alessandro Ronconi sexagenario oblata*, Roma, Ateneo, 1970, 81-91.

[17] *Captatio beneuolentiae* de Domiciano, aqui indirectamente celebrado pelo seu absoluto poder e triunfos militares, mas também pela austeridade (v. 2), temperada de (suposta) tolerância (v. 3) e bonomia (v. 5).

[18] Aquando da celebração do triunfo de um general, os soldados tinham liberdade de exprimir censuras e críticas à figura homenageada. Conservam-se alguns desses *carmina triumphalia*, nomeadamente os que tomaram como alvo Júlio César (Suet., *Caes.* 49, 8). Tratava-se não de desrespeito mas de comportamento com fins apotropaicos.

[19] Tímele era uma dançarina ou actriz de mimos e Latino um actor de mimos. Ambos colhiam o favor de Domiciano. Latino terá sido também delator ao serviço do *princeps*.

[20] Traduzimos por 'olhos' o latim *frons*, expressão do estado de espírito, tal como o *supercilium*, 'cenho' (v. 2), é a parte do rosto que revela o desagrado ou a aprovação.

[21] Domiciano fez-se nomear *censor perpetuus* e sem colega, ao contrário da norma, pois os *censores* eram dois, eleitos de 5 em 5 anos para o desempenho da magistratura, que durava 18 meses. No exercício da *censura*, Domiciano dedicou-se à *correctio morum*, a moralização da sociedade. Neste caso, Marcial alude ao respeito pela determinação contra os libelos difamatórios e garante a probidade da sua vida (v. 8).

Livro I

5

Dou-te uma batalha naval, tu epigramas me dás:[22]
queres, julgo eu, Marco, com teu livro nadar.

6

Quando a águia levava o menino pelas etéreas brisas,[23]
o peso dele pendia, incólume, das temerosas garras.
Agora, aos leões de César, demove-os a sua presa
e, em segurança, brinca na enorme boca, uma lebre.[24]
Qual destes prodígios julgas tu maior? A cada um
preside um autor supremo: os leões são de César; a águia, de
[Jove.[25]

7

A pomba, enlevo do meu caro Estela,[26]
mesmo com Verona[27] a ouvir, hei-de dizê-lo,
vence, Máximo, o pardal de Catulo.
O meu Estela é tanto maior que o teu Catulo
quanto a pomba é maior que o pardal.

---

[22] Quem fala, ao que tudo indica em imaginada resposta a Marcial (Marco, v. 2), é Domiciano, a quem o poeta empresta bem-humorada resposta sobre o destino que os *Epigramas* merecem: serem atirados à água. A naumaquia referida integrou talvez as celebrações do 1º triunfo sobre os Catos, c. 83 a. C.

[23] Refere-se a Ganimedes que, por ser o mais belo dos mortais, foi levado por uma águia para o Olimpo, para ser o escanção de Zeus.

[24] Primeiro de um ciclo de poemas sobre os leões amestrados que 'brincam', na arena, com lebres que deixam incólumes (v. I 14, 22, 44, 48, 51, 60, 104).

[25] Marcial confere estatuto divino a Domiciano, identificando-o com Júpiter. E é essa aura que ele transmite mesmo aos animais, traduzida na *clementia* com que os leões poupam as lebres.

[26] Trata-se evidentemente de epigrama adulatório, eco de Catulo, 2 e 3, poemas sobre o *passer* de Lésbia. Lúcio Arrúncio Estela é um dos mais caros e leais amigos de Marcial. Imensamente rico e com importante carreira política (foi cônsul em 101 ou 102), protector de poetas como Marcial e Estácio, dedicava-se também às letras. Neste caso, Marcial louva-lhe uma elegia sobre a *columba* da amada.

[27] Terra natal de Catulo.

Epigramas

8

Enquanto do grande Trásea e do modelar Catão[28]
segues as doutrinas, mas de modo a desejar viver,
e não te lanças de peito aberto sobre espadas nuas,[29]
fazes, Deciano,[30] o que eu desejaria que fizesses.
Não quero um herói que com sangue fácil compra a fama:
quero aquele que pode ser louvado sem morrer.

9

Queres parecer, Cota, um tipo bonito[31] e, ao mesmo tempo,
                                 [grande:
mas quem é um tipo bonito, Cota, é um tipo bem pequeno.

10

Gemelo pede em casamento Maronila
e anda apaixonado e porfioso e suplicante e dadivoso.[32]
É assim tão bela? Qual quê? Nada há mais feio!
Então o que é que dela quer e o que o seduz? É que ela tosse.[33]

11

Se dão a cada cavaleiro duas vezes cinco fichas,[34]
  porque é que, só à tua conta, Sextiliano, bebes duas vezes dez?

---

[28] Trásea Peto, senador, estóico, pela sua oposição a Nero teve, a mando do *princeps*, de se suicidar, em 66 d. C. Catão de Útica, também estóico e opositor de César, suicidou-se para não abdicar das suas convicções, em 46 a. C., depois de o exército de Pompeio ter sido derrotado.

[29] Alusão à perspectiva dos estóicos sobre o suicídio, que consideravam recomendável, ou mesmo exigível, em situações de constrangimento inultrapassável (doença incurável, submissão aos próprios vícios, sujeição a outrem). Deciano (e Marcial louva-o por isso) rejeita tal preceito. Todo o v. 3 evoca o suicídio de Catão.

[30] Deciano, natural de *Emerita Augusta* (hoje Mérida), na *Lusitania*. Patrono do poeta, é-nos conhecido apenas da poesia de Marcial, que o diz filósofo de obediência estóica, cultor das letras e advogado.

[31] *Bellus*, 'bonito', é adjectivo da linguagem coloquial que, quando atribuído a um homem, sugere ironicamente elegância excessiva e suspeita.

[32] Tentámos manter a rima interna.

[33] Isto quer dizer que está tísica: em breve vai morrer e deixar, segundo se deduz, uma opulenta herança.

[34] Nos espectáculos eram distribuídas aos cavaleiros dez fichas que davam direito, cada uma, a um copo de vinho. Marcial apresenta um tipo que, aproveitando-se da situação, bebe mais do que a conta. O facto de beber vinho

Livro I

Já teria faltado a água quente aos servos que a transportam,
se não emborcasses, Sextiliano, vinho puro.

12

No caminho para a fresca cidadela de Tíbur hercúlea[35]
e onde a branca Álbula fumega das sulfurosas águas,
uns campos e um bosque sagrado e umas jeiras caras às musas
assinala o quarto marco a contar da vizinha Urbe.
Aqui um pórtico rústico oferecia sombras estivas.
Oh! A que insólita impiedade quase se atreveu o pórtico!
É que desabou de súbito em ruínas, quando sob aquela massa
Régulo[36] era levado num carro de dois cavalos.
Bem se vê que a Fortuna temeu os nossos lamentos:
era incapaz de suportar tamanho ressentimento.
Agora até os prejuízos nos aprazem; os próprios perigos têm valor:
de pé, aquela cobertura não poderia provar a divina
[providência.[37]

13

A casta Árria, ao entregar ao seu Peto o gládio
que, por suas mãos, retirara das entranhas,
Exclamou "podes crer: o golpe que abri em mim não me dói",
"mas o que tu vais abrir em ti, esse sim, Peto, é que me dói."[38]

---

merum, isto é, sem ser 'cortado' com água quente (cf. v. 3), como se fazia em Roma, indicia que se trata de um ébrio, tipo social muito aproveitado nos epigramas de Marcial.

[35] *Tíbur*, hoje Tivoli, nos arredores de Roma, local de eleição dos Romanos abastados durante o Verão, pelo seu clima fresco. É localidade 'hercúlea' porque aí havia um templo a Hércules Vencedor. Marcial alude também (v. 2) às *Aquae Albulae*, perto de Tíbur, estância termal de águas sulfurosas usadas desde a antiguidade com fins medicinais.

[36] Marco Aquílio Régulo, patrono de Marcial: senador, advogado e delator cruel e implacável, político bem sucedido mesmo quando o(s) imperador(es) mudava(m), dele nos deixaram Tácito e Plínio-o-Jovem um retrato bem diferente da adulação de Marcial.

[37] Marcial sugere que Régulo escapou ao desabamento do pórtico de sua casa por intervenção protectora dos próprios deuses.

[38] Evocação do suicídio de Árria Maior e seu marido Cecina Peto. Este tinha participado, em 42, numa revolta frustrada contra Cláudio, vendo-se, por isso, obrigado ao suicídio. A mulher dá o exemplo cravando a espada em si própria, ao mesmo tempo que diz as célebres palavras: *Paete, non dolet* (Cf. Plínio, *Epist.* 3.16).

Epigramas

14

Prazeres, César, e diversões e brincadeiras de leões
   foi o que nós vimos — até isso a arena te oferece —,
sempre que, apanhada, aos brandos dentes escapava
   e, errante, corria pelas fauces escancaradas, uma lebre.
Como pode um leão voraz poupar a sua presa?
   Mas diz-se que o leão é teu: portanto pode.

15

Ó Júlio, amigo nunca depois de outros digno de memória,[39]
   se longa cumplicidade e encanecidos laços têm algum valor,
duas vezes o trigésimo cônsul quase já por ti passou,[40]
   quando apenas contou[41] poucos dias tua vida.
Olha que não fazes bem em adiar o que pode ser negado
   e considera teu somente o que passou.
Esperam-te cuidados e uma cadeia de trabalhos;
   as alegrias não duram, mas, fugidias, se evolam.
Agarra-as com ambas as mãos e com todo o teu abraço.
   Até assim, muitas vezes se escoam e se escapam do peito.
Vai por mim; não é próprio do sábio afirmar «hei-de viver»:
   demasiado tardia é a vida de amanhã. Vive hoje!

16

Há bons, alguns medíocres, na sua maior parte são maus
   os versos que aqui lês: não é de outro modo, Avito,[42] que se
                                          [faz um livro.

---

[39] Trata-se certamente de Júlio Marcial, um dos maiores amigos do poeta em todo o tempo que este passou em Roma e recordado com saudade em XII 34, depois de Marcial ter regressado à sua terra natal Bílbilis, na Hispânia. O primeiro verso é uma nítida influência de Ovídio: *trist.* 1.5.1 *O mihi post nullos umquam memorande sodales*; *Trist.* 4.5.1 *O mihi dilectos inter pars prima sodales; Pont.* 4.13.1 *O mihi non dubios inter memorande sodales.*

[40] O amigo aproxima-se dos 60 anos. Os cônsules eram eleitos anualmente e, assim, 'davam' nome aos anos em que exerciam a magistratura.

[41] Procurámos manter a rima.

[42] Lúcio Estertínio Avito, senador, cônsul em 92, poeta e patrono de Marcial. O poeta antecipa as críticas que lhe poderão ser feitas e defende-se delas.

Livro I

17

Tito insiste comigo para eu advogar causas
e constantemente me diz: «É uma importante actividade!»
Uma actividade importante, Tito, é a que[43] exerce o agricultor.

18

Porque te agrada, Tuca, misturar com o anoso falerno
vinho novo guardado em vasilhas de vaticano?[44]
Que bem tão grande te fizeram os vinhos muito maus?
Ou que mal te fizeram os vinhos muito bons?
Por mim, tudo bem; mas é um crime assassinar um falerno
e dar venenos horríveis a um campano[45] puro.
Os teus convidados mereceram talvez perecer:
uma ânfora tão preciosa não mereceu morrer.

19

Se bem me lembro, Élia, tu tinhas quatro dentes:
uma tosse expulsou dois; e outra, outros dois.
Podes agora tossir em segurança dias inteiros:
nada tem que fazer aqui uma terceira tosse.

20

Diz-me cá: que loucura é esta? Com a turba dos convidados a
[olhar,
só tu, Ceciliano, devoras cogumelos.[46]
Que hei-de eu desejar digno de tal bandulho e da tua glutonaria?
Que um cogumelo como o que Cláudio comeu, o comas tu![47]

---

[43] Optámos, neste caso, pela lição mais corrente usada por CITRONI, Mario, *Epigrammaton liber I.* Introduzione, testo, apparato critico e commento a cura di —, Firenze, La Nuova Italia, 1975: ... *quam facit colonus.* O que o poeta quererá dizer é que Tito, em vez de lhe dar conselhos, lhe deve dar um terreno.

[44] O vinho do Vaticano, de péssima qualidade, aparece diversas vezes a contrastar com os vinhos de elevada qualidade: falerno, sécia e opimiano.

[45] O vinho falerno provinha da Campânia. Era o mais considerado (v. XIII 111).

[46] Os cogumelos faziam parte da *gustatio*, o conjunto de entradas da *cena*, o jantar romano. Neste caso, Ceciliano, o patrono mesquinho, deleita-se com a iguaria e nada serve aos que com ele estão.

[47] Referência ao envenenamento do imperador Cláudio por um dos cogumelos que comia, em prato que lhe fora servido por sua mulher Agripina, decidida a colocar no poder o filho, Nero.

Epigramas

21

Ao tentar atingir o rei, a mão direita, enganada por um guarda,[48]
entregou-se, para perecer, ao fogo sagrado.
Mas tão cruel prodígio não o suporta um inimigo piedoso
e manda libertar o herói depois de o arrebatar às chamas.
A mão que Múcio foi capaz de queimar, desprezando o fogo,
essa mão, Porsena não foi capaz de a olhar.
Maior é a fama e a glória devida ao erro da mão direita:
se não tivesse falhado, menor seria o feito.

22

Porque foges agora, ó lebre, à terrível boca do pacificado leão?
Ele não aprendeu a esmagar animais tão pequenos.
Estas garras reservam-se para as nucas possantes,
e com tão pouco sangue não se satisfaz tamanha sede.
A lebre é presa de cães, não enche goelas desmedidas:
não tema o menino dácio as armas de César[49].

23

Não convidas para jantar, Cota, senão um companheiro do
[banho
e só os balneários te fornecem os convidados.
Admirava-me eu, Cota, porque nunca me convidavas:
agora sei que eu, nu, não te agradei.[50]

---

[48] Evocação do feito de Múcio Cévola que, por engano, matou um *scriba* (na versão de Marcial, um 'guarda', cf. *satellite*, v. 1), em vez de Porsena, o rei etrusco (o 'inimigo piedoso', *pius hostis*, do v. 3) que pusera cerco a Roma. Preso, Múcio colocou a mão direita no fogo, para mostrar a sua indiferença perante a dor e a morte, gesto que impressionou o rei, que o deixou ir em liberdade. O herói recebeu então o *cognomen* de *Scaeuola*, 'canhoto'.

[49] Marcial refere-se à primeira campanha de Domiciano contra os Dácios no inverno de 85-86 d.C. A nota adulatória deste 3° poema do ciclo das lebres e dos leões acentua que Domiciano poupa as crianças dos povos que esmaga, porque são inocentes, tal como o leão poupa as lebres, demasiado pequenas para tão nobre animal.

[50] Os *balnea* eram um dos locais preferidos para estabelecer contactos de natureza homossexual (ou também, nos banhos mistos, heterossexuais).

Livro I

24

Vês, Deciano, aquele tipo de cabelos desgrenhados,[51]
de quem até tu[52] temes o austero cenho,
que fala dos Cúrios e dos Camilos libertadores?[53]
Não te fies na cara: ainda ontem fez de noiva.[54]

25

Mostra enfim ao povo, Faustino,[55] os teus escritos
e publica uma obra ornada de sapiente engenho,[56]
que não a condene a cidadela cecrópia de Pandíon,[57]
nem a calem ou desprezem os nossos anciãos.
Hesitas em acolher a fama que espera à tua porta
e envergonhas-te de receber o prémio dos teus trabalhos?
As páginas destinadas a viver depois ti, por meio de ti a viver
comecem. Às cinzas a glória chega tarde.

26

Sextiliano, bebes tanto como cinco filas de bancos de
[cavaleiros,

---

[51] Os 'cabelos desgrenhados' sugerem os (falsos) filósofos que não se preocupam, ou simulam não se preocupar, com a aparência exterior, ou também, por contraste com as modas efeminadas que grassavam no séc. I, o aspecto dos 'Romanos de velha cepa'. Em qualquer dos casos, Marcial chama a atenção para os artifícios usados para esconder uma conduta vergonhosa.

[52] Deciano era estóico e, portanto, também ele habituado à austeridade.

[53] Mânio Cúrio Dentato foi o herói que, entre outros feitos, pôs fim às guerras contra os Samnitas e venceu o rei Pirro (séc. III a.C.). Marco Fúrio Camilo, cinco vezes *dictator*, salvou Roma da destruição aquando da invasão dos Gauleses em 390 a.C. São ambos exemplo dos grandes heróis romanos, libertadores da pátria.

[54] A tradução é a possível, dado que Marcial revela a homossexualidade passiva do fingido virtuoso dizendo que *nupsit heri*, isto é, usando o verbo *nubere*, que se emprega apenas quando o sujeito é uma mulher. Para o casamento de um homem empregava-se a expressão *uxorem ducere*.

[55] Faustino é um abastado, culto e generoso amigo de Marcial, dos que mais prezou ao longo da vida.

[56] São vulgares, nesta época, as exortações a amigos e patronos para que publiquem as respectivas obras. Trata-se de forma comum de elogiar o talento e as qualidades dos destinatários, que se diz não deverem ficar desconhecidas.

[57] Referência a Atenas, como modelo de cultura literária, pela evocação de dois reis míticos desta cidade: Cécrope, primeiro rei de Atenas, e Pandíon, pai de Procne e Filomela.

Epigramas

só à tua conta: mesmo sempre com água que seja, podes ficar
[bêbedo.
não te bastam as vizinhas fichas dos que se sentam a teu lado,[58]
mas pedes as mais distantes, dos assentos em cunha.[59]
Olha que esta vindima não se faz nos lagares pelignos
nem esta uva nasce nos montes etruscos,[60]
mas trata-se de emborcar uma garrafa afortunada de velho
[opimiano
e uma cave do Mássico fornece estes negros tonéis.[61]
Ao taberneiro deve pedir-se para ti zurrapa laletana,[62]
se mais de dez rodadas, Sextiliano, bebes.

27

Ontem à noite tinha-te dito,
emborcadas aí umas dez rodadas de cinco copos,
que viesses jantar hoje comigo, Procilo.
A coisa está no papo!— logo para ti pensaste
e palavras não sóbrias tu registaste:[63]
precedente assaz perigoso!
Je n'aime pas boire avec le copain qui a une bonne mémoire,[64]
[Procilo.

---

[58] Cf. I 11.

[59] *Cuneus* é um sector de bancos, no teatro e no anfiteatro, compreendendo as diferentes filas de assentos entre duas escadarias pelas quais os espectadores tinham acesso aos lugares. O nome deriva do seu aspecto cuneiforme. Isto é: Sextiliano não se contentava em pedir as 'fichas' dos outros cavaleiros que, como ele, se sentavam nas primeiras catorze filas reservadas aos *equites*. Ia 'cravá-las' aos bancos da gente anónima.

[60] Regiões de vinho de má qualidade.

[61] O ano do consulado de L. Opímio (121 a. C.) foi de tão excelente colheita, que a sua fama se prolongou pelos tempos. No tempo de Marcial devia ser difícil de encontrar, se é que era possível: Plínio-o-Velho diz que sim, embora a peso de ouro (14. 55 ss); e Trimalquião afirma servi-lo na sua *cena* (Petrónio, 34.6 ss). O mais certo é *Opimius* ter passado a designar genericamente um vinho de boa qualidade. Também o monte Mássico era famoso pelo seu vinho.

[62] Vinho de má qualidade produzido na costa NE da Hispânia, perto de Tarragona.

[63] Procurámos reproduzir a rima do original.

[64] O texto original está em grego e reproduz um provérbio muito divulgado: recorremos a uma língua estrangeira de grande influência cultural.

Livro I

28

Quem julga de ontem o fedor a vinho puro que Acerra exala,
está enganado: Acerra bebe sempre até à alvorada.

29

Corre o boato, Fidentino, que tu os meus epigramas
recitas ao povo, sem tirar nem pôr, como se fossem teus.
Se queres que os considerem meus, de graça te enviarei os
[poemas:
se queres que os considerem teus, compra este livro, para não
[serem meus.

30

Outrora cirurgião, Diaulo agora é cangalheiro:[65]
passou a tratar da saúde da forma que podia.[66]

31

A ti, Febo, consagra todos os cabelos da sua cabeça[67]
Encolpo, dilecto do centurião seu amo,[68]
quando Pudente obtiver a grata distinção, merecida, de
[primipilo.[69]
Corta, Febo, quanto antes a longa cabeleira,
enquanto nenhuma penugem mancha o rosto tenro,

---

[65] Primeiro de vários epigramas que Marcial, seguindo a tradição da comédia, do epigrama, do mimo e da sátira, dedica aos médicos. Aqui aponta a incompetência com que, em vez de curarem os doentes, os levam à morte. O nome escolhido para este médico-cangalheiro é grego, o que deve ser intencional, pois, na época, os médicos que exerciam em Roma eram quase todos gregos. Cf. I 47.

[66] Tentámos manter na tradução a ambiguidade de *clinicus*: jogo de palavras com o grego *cline* que significa 'cama', mas também 'caixão'.

[67] Na antiguidade era costume oferecer o cabelo a uma divindade, em cumprimento de promessa ou, como aqui se evoca, aquando do momento da entrada na idade adulta. Nesse caso, consagrava-se também a barba que pela primeira vez se cortava, em cerimónia designada por *depositio barbae*.

[68] Encolpo é o *puer delicatus*, o favorito de Aulo Pudente, distinto militar e amigo íntimo do poeta. O jovem fizera voto a Febo (Apolo) em favor de seu *dominus*. Era comum que os senhores, para seu próprio prazer, tivessem ao seu serviço este tipo de jovens belos e atraentes.

[69] Primipilo era o centurião mais graduado de uma legião, o que comandava a 1ª centúria do 1º manípulo da 1ª coorte.

Epigramas

e enquanto as madeixas esparsas ficam bem ao lácteo colo;
e, para que senhor e escravo gozem por longo tempo
dos teus favores, torna-o cedo tosquiado, tarde um homem.[70]

32

Não gosto de ti, Sabídio, nem consigo dizer porquê;
Só consigo dizer isto: 'não gosto de ti!'

33

A perda do seu pai não a chora Gélia quando está só;
se alguém está presente jorram lágrimas de encomenda.
Não sente o luto, Gélia, quem procura ser louvado.
Sente dor verdadeira quem, sem audiência, sente dor.

34

Sem guardas, Lésbia, e sempre de portas abertas,
tu fornicas e não ocultas as tuas escapadelas[71]
e deleita-te mais o *voyeur* do que o amante;
não te dão gozo os prazeres se alguma coisa escondem.
Uma prostituta afasta os curiosos com a cortina[72] e a chave,
e poucas fendas se vêem no bordel de Submémio.[73]
Ao menos aprende com o pudor de Quíone ou de Ias:
até estas putas reles se ocultam nos túmulos.[74]

---

[70] Cortar o cabelo, símbolo da entrada na idade adulta, poria necessariamente fim à relação entre Pudente e Encolpo, pois a partir desse momento tornar-se-ia moralmente intolerável e socialmente inaceitável. O paradoxo traduzido pela antítese 'cedo / tarde' do v. 8 revela a divisão de Marcial quanto ao que deve desejar: se Encolpo cortar depressa o cabelo, tal significará que Pudente foi promovido; se demorar a fazê-lo, as relações entre senhor e escravo poderão continuar.

[71] *Furta* são amores ilícitos, adúlteros. Lésbia não é uma prostituta, é uma *matrona* desavergonhada que colecciona amantes.

[72] Em alguns lupanares mais pobres, os cubículos em que as prostitutas recebiam os clientes não tinham porta, apenas uma cortina que se corria quando estavam ocupados.

[73] *Submemmium* era o bairro das cortesãs em Roma.

[74] As prostitutas mais reles e baratas, nomeadamente as que já poucos queriam, pela idade ou pela degradação física, exerciam a profissão junto aos túmulos que bordejavam as estradas de acesso às cidades.

Livro I

Acaso dura de mais te parece esta censura?
Proíbo-te de seres surpreendida, Lésbia, não de seres fodida.[75]

35

Que eu escreva versos pouco sérios,
e que o professor,[76] na escola, os não possa explicar,
é o teu queixume, Cornélio: mas estes epigramas,
tal como às esposas os seus maridos,
não podem sem o membro dar prazer.
Então se me mandas falar da alcova,
não hei-de usar linguagem de alcova?
Quem se lembra de vestir as Florais[77] e autoriza
às prostitutas o pudor da estola?[78]
Foi esta a lei dada aos versos brejeiros:
que, se não excitarem, não possam agradar.
Por isso, pondo de lado a severidade,
te pedimos que perdoes as brincadeiras e os gracejos
e que não queiras castrar os meus epigramas.
Nada mais detestável que um Priapo[879] capado.

36

Se a ti, Lucano, ou a ti, Tulo,[80] fosse dado

---

[75] Marcial critica, não a imoralidade de Lésbia, mas o seu exibicionismo.

[76] O *magister* aqui referido era o *grammaticus*, o professor do 2º grau de ensino, que trabalhava com os alunos um cânon de autores e textos que eram explicados minuciosamente. Para tal havia que aprender tudo quanto era necessário para a sua compreensão, como história, geografia, mitologia, astrologia... Marcial sabe que, pelo seu desregramento, não poderá estar ao lado por ex. de um Vergílio, nesse cânon de autores adequados ao ensino de jovens.

[77] V. nota 4 ao preâmbulo a este livro.

[78] A *stola* é o trajo das *matronae* e cobria-as quase completamente. As prostitutas (e as mulheres condenadas por adultério) usavam, como marca de infâmia, a *toga*.

[79] Deus da fertilidade que protegia os pomares e jardins. Distinguia-se pelos seus enormes órgãos genitais. Era costume colocar, nas propriedades, a estátua ou representação de um Priapo, com a dupla função de espantar (ladrões e aves) e de propiciar a fertilidade dos campos.

[80] Lucano e Tulo, os irmãos Cúrvios (V 28, 3), filhos adoptivos do famoso orador Domício Afro, tiveram ambos uma carreira política e militar invejável. Parece terem sido realmente muito unidos, inclusive nas acções menos limpas, como na associação para gerirem a fortuna da filha de Lucano, herdada do avô

Epigramas

o destino que têm os Lacedemónios, filhos de Leda,[81]
nobre contenda de devoção se levantaria entre os dois,
   pois cada qual quereria morrer primeiro em lugar do irmão;[82]
e diria o que primeiro fosse para as sombras infernais:
'Vive o teu tempo, irmão, e vive também o meu.'

37

Alivias o peso do ventre, e não tens vergonha, num vaso de
                                        [ouro sem sorte,
Basso, e bebes por um vaso de vidro: logo, cagas mais caro.

38

É meu, Fidentino, o livro de epigramas que recitas:
mas, quando o recitas mal, começa a ser teu.

39

Se alguém houver que deva ser contado entre os raros amigos,
   como os que a tradição antiga e a velha fama conhecem;
se alguém houver ungido da Minerva cecrópia e latina[83]
   nas artes, e bom homem pela sinceridade autêntica;
se alguém houver paladino da rectidão, admirador da virtude,
   que nada peça aos deuses com secreta voz;
se alguém houver robustecido de grande força de vontade,
   raios me partam, se este não for Deciano.[84]

---

materno. Plínio-o-Jovem deixou deles um retrato bem diferente dos louvores de
Marcial, pois mostra-os rapazes e sem escrúpulos.

[81] Os dois irmãos Castor e Pólux, os Dioscuros, filhos de Leda. Embora
fossem gémeos, Castor tinha um pai mortal (Tíndaro, rei de Esparta e marido de
Leda), enquanto Pólux era filho de Zeus. Quando Castor morreu, Pólux conseguiu
que Zeus lhe permitisse dividir com o irmão a sua condição imortal. Assim,
passaram a viver alternadamente na terra e no Olimpo. Foram sempre o paradigma
do amor fraternal. Eram irmãos de Helena, a causadora da guerra de Tróia, e de
Clitemnestra, esposa de Agamémnon.

[82] A semelhança com os Dioscuros reside em que nem Tulo nem Lucano
querem sofrer a perda do irmão. Quem veio a morrer primeiro foi Lucano (v. IX
51).

[83] Deciano distingue-se pela superior cultura, quer grega, quer latina. V. n. a
I 25,3.

[84] Todo o 'retrato' laudatório é construído, como se se tratasse de uma
adivinha, sem se dizer o nome do homenageado, que só se revela no último
verso, como única resposta possível para o conjunto de qualidades evocadas.

Livro I

40

Tu que torces o nariz e não lês estes versos[85] de bom grado,
podes invejar toda a gente, invejoso, porque ninguém te inveja
[a ti.

41

Consideras-te, Cecílio, um tipo janota.[86]
Não o és, vai por mim. O que és então? Parolo,
como o quinquilheiro transtiberino[87]
que troca fósforos amarelos de enxofre[88]
por vidros partidos; como o que aos grupos
de paspalhos vende grão-de-bico cozido;
como o guardador e domador de víboras;
como os escravos baratos dos vendedores de sal;
como o cozinheiro que salsichas[89] fumegantes
serve rouco, em tabernas quentes;
como um poetastro urbano de fraco talento;
como um mestre dissoluto de Gades[90];
como a bocarra mordaz de um velho amaricado.
Por isso, deixa de te considerar
o que só tu, Cecílio, te consideras,
um tipo capaz de, com os teus gracejos, a Gaba e ao próprio
Tétio Cabalo[91] levar a palma.

---

[85] 'Estes versos' podem designar a poesia de Marcial, de um modo geral, mas, mais provavelmente, referem-se ao poema anterior e aos louvores de Deciano, com os quais o destinatário deste epigrama não estaria de acordo.

[86] *Vrbanus*, 'janota', opõe-se a *uerna*, traduzido por 'parolo' (v. 2), que é o que Cecílio é, como se prova pela lista de actividades que fervilham pelas ruas de Roma (vv. 3-13) e melhor assentariam à sua vulgaridade.

[87] Do actual *Trastevere*, zona habitada na época principalmente pela população mais humilde e frequentada por pequenos comerciantes e artífices.

[88] Os 'fósforos amarelos de enxofre' (*sulphurata*) eram pequenos paus ou pedaços de lã com a ponta embebida em enxofre. Acendiam-se em contacto com outra chama. Os 'vidros partidos' destinavam-se aos vidreiros que os utilizavam, fundindo-os, na composição de novo vidro. Mas esta interpretação é discutível.

[89] Também aqui seguimos a lição mais corrente: *tomacla*.

[90] Trata-se talvez de um empresário de bailarinas de Gades que tinham fama de lascivas.

[91] Gaba é um célebre bobo da corte de Augusto; Tétio Cabalo, desconhecido, será outro bufão.

Epigramas

Não é dado a qualquer um ter espírito:[92]
quem graceja com estúpida ousadia
não é um Tétio, mas um "cabalo".[93]

42

Ouviu Pórcia[94] falar da morte de seu marido Bruto;
e a sua dor buscou as armas que lhe tinham retirado.
'Ainda não sabeis,' exclamou, 'que a morte se não pode
[proibir?[95]
Pensei que a sorte de meu pai vo-lo tinha ensinado.'[96]
Disse e com boca ávida engoliu carvões ardentes.[97]
Anda agora, turba importuna, nega-lhe a espada.

43

Éramos, Mancino, duas vezes trinta convidados teus,[98]
e nada mais ontem nos foi servido além de um javali:
nem uvas que se conservam das vides serôdias,
ou maçãs doces que rivalizam com os bolinhos de mel;
nem peras que pendem atadas de uma longa giesta,

---

[92] Ter espírito: *habere nasum*. V. nota a I 3, 6.

[93] O insulto, que não é completamente claro para nós (Cecílio é um 'burro de carga'?), assenta no desdobramento do nome citado no v. 17. *Caballus* é o cavalo de trabalho, termo da linguagem quotidiana que veio a substituir, nas línguas românicas, a designação *equus*.

[94] Pórcia, filha de Catão de Útica, casara em segundas núpcias com Bruto, um dos assassinos de César, que se matou após a derrota na batalha de Filipos (42 a.C.). À semelhança de seu pai, Pórcia é o protótipo feminino do suicídio estóico. O exemplo heróico desta mulher inspirou Camões, no soneto "Como fizeste, Pórcia, tal ferida?".

[95] É consideração estóica. Séneca dizia que "qualquer um pode arrancar a vida ao homem, mas ninguém lhe pode tirar a morte" (*Phoen.*, vv. 152-3), isto é, ninguém o pode impedir de morrer quando e como quiser.

[96] Também Catão foi, numa primeira vez, impedido pelos amigos de morrer, pois tentaram fechar-lhe a ferida que havia rasgado no peito com uma espada. Mas ele abriu-a de novo com as próprias mãos. De igual modo, Pórcia tentou (v. 2) matar-se com uma espada, mas os familiares tê-la-ão impedido (v. 6).

[97] A expressão deve significar apenas que Pórcia se fechou num compartimento e se deixou morrer, intoxicada pelos gases venenosos libertados pelos carvões utilizados para o aquecimento.

[98] Sessenta convidados é manifestamente uma hipérbole, para realçar o contraste com o que não havia para comer e com a atitude do patrono que devorou sozinho o javali, sem nada partilhar (v. 11).

Livro I

ou as romãs púnicas que imitam as efémeras rosas;
a rústica Sássina não enviou cónicos queijos,
  nem veio a azeitona dos potes do Piceno:[99]
só um javali simples, e para mais, de tão pequeno,
  podia ser morto por um anão desarmado.[100]
E dele nada nos foi dado; ficámos todos só a olhar:
  javali assim também a arena nos costuma servir.
Mais nenhum javali te seja servido depois de tal proeza,
  mas sejas tu servido ao mesmo javali que Caridemo.[101]

44

As corridas graciosas das lebres e os jogos dos leões
  por mim foram descritos num papiro maior, outro menor.[102]
E repito o mesmo tema duas vezes. Se demasiado, Estela, te
                                                    [parece
  este argumento, serve-me tu também a lebre duas vezes.

45

Para que se não me perca o trabalho editado em breves livros,
  diga-se então de preferência 'en prenant la parole...'[103]

46

Quando me dizes, Hédilo, 'Tenho pressa, faz lá o que tens a
                                                    [fazer,'

---

[99] Todas as iguarias enumeradas (e que não foram servidas) eram habituais na mesa dos Romanos como sobremesas, *secundae mensae*. As azeitonas tanto 'abriam' como 'fechavam' a refeição (v. XIII 36).

[100] Os anões que combatiam como gladiadores eram 'número' muito apreciado na época (XIV 212; 213). Domiciano exibiu combates entre anões e mulheres.

[101] Provavelmente um criminoso condenado a ser morto por um javali durante os jogos. Marcial joga, neste epigrama, com a polissemia do verbo *ponere*: no v. 12 significa 'apresentar no espectáculo', no v. 13 'servir à mesa, dar a comer', no v. 14 'ser lançado às feras, na arena'.

[102] Marcial terá enviado a Estela duas colecções de poemas, uma maior, outra menor, contendo epigramas sobre os jogos das lebres e dos leões. E aproveita para sugerir ao amigo que também ele o convide duas vezes para jantar (v. 4).

[103] No original está em grego. É uma das mais repetidas fórmulas homéricas. Marcial tenta justificar, em continuidade com o epigrama anterior, a repetição dos temas. Para não se perder nenhum dos seus trabalhos, está disposto a repetir--se continuamente e apoia-se na autoridade de Homero.

Epigramas

desfalece e, enfraquecido, mingua o anterior desejo.
Manda-me esperar: eu, relaxado, irei lá mais depressa.
Hédilo, se tens pressa, diz-me para não me apressar.

47

Ainda há pouco Diaulo era médico, agora é cangalheiro:
o que faz o cangalheiro, já o tinha feito o médico.[104]

48

Os domadores não arrancaram os touros àquela bocarra
  por onde, como presa fugaz, vai e vem uma lebre;
e, o que mais é de admirar, afasta-se muito veloz do inimigo
  e não deixa de levar um pouco de tanta nobreza.
Mais segura não está, quando corre na arena solitária,
  nem na gaiola se esconde com tanta confiança.
Se queres evitar, lebre descarada, as dentadas dos cães,
  tens a boca do leão, para onde podes fugir.

49

Ó varão que os povos celtiberos não devem calar,
  e glória da nossa Hispânia,
verás, Liciniano,[105] a altaneira Bílbilis,
  ilustre pelos cavalos e armas,[106]
e o velho Caio com suas neves,[107] e o sacro
  Vadaverão[108] de montes escarpados,
e o agradável bosque do delicado Boterdo,

---

[104] Cf. I 30.

[105] Liciniano é um ilustre compatriota de Marcial que regressa à terra natal, ocasião que o poeta aproveita para uma extensa e saudosa evocação da região que os viu nascer, enquadrada no contraste entre a vida na cidade e a vida no campo. Não há certezas quanto à identidade deste Liciniano. Por Marcial sabemos que era advogado de mérito (vv. 33-4) e senador (v. 31).

[106] A região de Bílbilis era famosa pelos seus cavalos, de pequeno porte mas fortes e muito rápidos, bem como pelo ferro, de que se faziam excelentes armas. O metal era temperado nas águas geladas do rio Salão (cf. v. 12).

[107] Parece tratar-se do actual *Moncayo*, o cume mais elevado da região, com mais de 2 mil metros de altitude (daí a neve), a c. de 50 km de Bílbilis.

[108] Identificação duvidosa: talvez a *Sierra de Madero* (c. de 1300 m de altitude) ou a *Sierra de Vicor*.

Livro I

que a fértil Pomona[109] ama.
Irás banhar-te nas suaves águas do tépido Congedo,[110]
  e nos lagos amenos das Ninfas,
e o corpo por eles amolecido, irás tonificá-lo no ténue
  Salão,[111] que dá têmpera ao ferro.
Ali à mão, fornecerá, fáceis de caçar,
  os animais para o teu almoço, a própria Voberca.[112]
Hás-de mitigar o calor dos dias de sol no aurífero Tago,[113]
  escurecido pelas sombras das árvores;
há-de aplacar-te a ávida sede a gélida Dercena
  e Nuta[114] que vence a neve.
E quando o branco dezembro e o inverno desenfreado
  bramirem com o rouco Aquilão,[115]
procurarás a costa soalheira de Tarragona
  e a tua Laletânia.[116]
Aí, gamos embaraçados nas flexíveis redes
  tu imolarás e javalis das tuas terras,
e estafarás a lebre ágil com um possante cavalo,
  e deixarás os cervos para o caseiro.
O vizinho bosque descerá à tua lareira,
  rodeada de crianças desgrenhadas;
será convidado o caçador, e virá até tua casa
  como conviva que, de perto, tu chamaste;
nada de sapatos ornados de lúnula,[117] nada de toga[118]

---

[109] Deusa romana dos frutos.

[110] Embora alguns o identifiquem com o pequeno rio Codos, afluente do Ebro, pelo contexto deste epigrama (Marcial acentua, nos versos seguintes, o contraste com a temperatura das frias águas do Jalón, bem como a sua proximidade em relação ao rio), parece mais provável a identificação com a nascente termal de Alhama, a 20 Km de Bílbilis.

[111] O Jalón, afluente do rio Ebro.

[112] A actual Bubierca, localidade na margem do rio Jalón.

[113] O *Tagus* (rio Tejo), muito citado na antiguidade por ter ouro nas suas águas.

[114] Fontes hoje desconhecidas.

[115] O vento que sopra do norte.

[116] Lugar incerto próximo de Tarragona.

[117] Sapatos nobres, usados pelos magistrados, particularmente os senadores. A *lunula* era uma espécie de fivela ou adereço, de marfim ou prata, em forma de meia-lua.

[118] A toga, difícil de vestir e penosa de usar, reservava-se sobretudo para funções oficiais. As roupas tingidas de púrpura (com o cheiro desagradável que conservavam) simbolizam o luxo e o incómodo das situações em que se envergavam.

Epigramas

nem de roupas que tresandem a púrpura;
longe do horrível liburno,[119] e do queixoso cliente,
  longe das exigências das viúvas;
o réu não virá, branco, quebrar-te o sono profundo,
  antes dormirás toda a manhã.
Receba outro um desmedido e malsão aplauso:
  quanto a ti, tem piedade dos afortunados[120]
e, sem arrogância, goza uma alegria autêntica,
  enquanto o teu Sura[121] é exaltado.
Não é vergonha que a vida procure o que lhe resta,
  quando a fama já tem o que lhe basta.

50.

Se chamas *Mistyllos,*[122] Emiliano, ao teu cozinheiro,
porque não hei-de chamar *Taratalla* ao meu?[123]

51

Não interessa aos ferozes leões uma cerviz, a não ser de eleição.
Porque foges destes dentes, ó lebre presunçosa?
Até parece que queres que a ti desçam os grandes touros
e que os leões quebrem pescoços que não vêem.
Não deves esperar a glória de tamanho destino:
não podes, pequena presa, morrer às garras deste inimigo.

---

[119] Provavelmente os escravos que carregavam a liteira (liburnos, i. e., vindos da Libúrnia, região da Ilíria), símbolo da odiosa vida de cliente que obrigava o poeta, entre outras coisas, a acompanhar o séquito do seu patrono.

[120] O paradoxo dos afortunados de que há que ter piedade fala dos homens bem sucedidos na vida, mas que não vivem a verdadeira vida, que é simples e sem preocupações, cheia da 'alegria autêntica' de que fala o v. seguinte.

[121] Licínio Sura, mais um importante filho da Hispânia com uma brilhante carreira política em Roma, no tempo de Nerva e de Trajano. Recebeu as honras do triunfo pela campanha contra os Dacos e foi cônsul por três vezes. Quando morreu, c. 108-110, mereceu funerais públicos e a honra de uma estátua em Roma. Possuía além disso grande cultura.

[122] Emiliano torna-se alvo de chacota por dar um nome de sonoridades épicas a um simples cozinheiro. *Mystillos* relaciona-se com o verbo grego que significa 'cortar a carne em pedaços antes de a cozinhar'.

[123] Jogo de palavras que tem por base um verso de Homero, *Ilíada*, 1.465, que começa com estas palavras.

Livro I

52

Encomendo-te, Quinciano,[124] os meus —
se é que meus posso chamar,
os epigramas que recita um teu amigo poeta —:
se eles se queixam de dura servidão,
vem afiançar que são livres[125] e garante o que for preciso;
e quando essoutro se intitular seu dono,
diz-lhe que são meus[126] e por minha mão libertos.
Se três e quatro vezes isto gritares,
hás-de incutir vergonha ao plagiário.[127]

53

Uma só página nos meus livros, Fidentino,[128] é tua,
mas está assinada com o retrato chapado do dono,
que acusa os teus poemas de furto flagrante.
Como, interposto, de pêlo untado, o manto língone[129]
macula as vestes citadinas de púrpura violácea;
ou como os vasos de Arrécio[130] profanam os de cristal,
ou como, negro, se acaso vagueia nas margens do Caístro,[131]

---

[124] Protector e amigo de Marcial.

[125] O *adsertor* (*libertatis*) é o cidadão que é chamado a prestar testemunho sobre a condição livre de um suposto escravo. Quinciano sê-lo-á, no 'processo' em que os epigramas de Marcial são queixosos (v. 4).

[126] Marcial compara os seus *libelli* com escravos a que deu manumissão, mas que a ele continuam ligados como os libertos ficam ao anterior *dominus*, e que, roubados pelo plagiário, foram de novo reduzidos à servidão (v. 4).

[127] *Plagiarius* é termo jurídico que designa aquele que rouba o escravo de outrem (ou o vende como sendo seu) ou, ainda, que reduz um homem livre à escravidão. Marcial parece ter usado pela primeira vez este vocábulo como metáfora designando 'o que rouba os escritos de alguém e os divulga como seus'.

[128] É mais que provável que o plagiário não nomeado no epigrama anterior seja Fidentino. O seu *furtum* (v. 3) foi denunciado pela má qualidade do(s) poema(s) de sua lavra que não resistiu a meter no meio dos do poeta.

[129] O 'pêlo untado' parece destinar-se a tornar o manto o mais impermeável possível. O manto língone é um capote grosseiro e deselegante, munido de capuz, usado pelos Língones, povo celta da Gália.

[130] Em Arrécio (Arezzo) produzia-se louça de barro que se usava no dia-a--dia e que, pelo material e pela abundância da sua produção, não alcançava grande valor (v. XIV 98).

[131] Rio que atravessa a Lídia.

Epigramas

o corvo é objecto de troça entre os cisnes de Leda;[132]
ou como, quando o sagrado bosque ressoa com a melodiosa
[Átis,[133]
uma importuna pega turba os queixumes da descendente de
[Cécrope.
**Os meus livros não precisam de acusador ou juiz:
é a tua página que está contra ti e te diz: «És um ladrão.»**

54

Se ainda tens algum espaço, Fusco, para a amizade —
já que tens amigos dum lado, tens amigos do outro —,
se um lugar te sobra, por favor te peço,
não mo recuses a mim, que para ti sou novo:[134]
também já o foram, os teus velhos amigos.
Tu pondera somente se este novo que se apresenta,
se pode vir a tornar um velho amigo.

55

Se queres em resumo conhecer os sonhos do teu Marco,
ó Frontão, ilustre em campanha e glória da toga,[135]
eis os seus desejos: ser o lavrador de um campo seu não muito
[grande,
pois ama o ócio campesino de parcos rendimentos.
Quem vai admirar a frieza colorida do mármore espartano
e levar, desmotivado, a matutina saudação,[136]

---

[132] Para seduzir Leda, Júpiter apresentou-se-lhe transformado em cisne.

[133] Filomela, filha de Pandíon, descendente de Cécrope (o primeiro rei de Atenas, v. 10). Foi transformada em rouxinol depois de Tereu, rei da Trácia e marido de sua irmã Procne, a ter raptado e violado, após o que lhe cortou a língua para que nada revelasse. Filomela, todavia, contou o sucedido bordando uma tapeçaria que enviou à irmã. V. XIV 75.

[134] Marcial parece pedir uma oportunidade para se tornar amigo de Fusco. Ou então apresenta este epigrama como 'candidatura' ao lugar de *cliens* de um poderoso senhor.

[135] Sobre a identidade de Frontão não há certezas. Pelo que Marcial diz, seria senador, general e orador brilhante. Já houve quem o identificasse com Césio Frontão, cônsul no ano em que Domiciano foi morto.

[136] Referência à obrigação da *salutatio*, a saudação pela manhã, do cliente ao seu patrono, que o fazia esperar muitas vezes nos átrios pouco acolhedores mas ricamente decorados.

Livro I

se pode, feliz com os frutos do bosque e do campo,
  desdobrar as redes repletas diante do lume
e retirar o peixe saltitante da linha trémula
  e extrair os méis doirados de um jarro vermelho,[137]
e se uma caseira bem nutrida lhe enche as mesas toscas
  e a cinza não comprada lhe prepara ovos de sua casa?[138]
Não goste desta vida quem de mim não gosta — é o meu
                                      [desejo;
  e que viva pálido entre as obrigações urbanas.[139]

56

Assolada por constantes chuvadas, está toda encharcada a
                                     [vindima:
  não podes, mesmo que queiras, taberneiro, vender vinho puro.

57

Queres saber, Flaco, qual moça quero e qual não quero?
  Não quero uma demasiado fácil, nem demasiado difícil.
O que está no meio e entre os dois géneros é que eu aprecio:
  não quero o que tortura, nem o que satura.[140]

58

Cem mil sestércios por um rapazinho me pediu o traficante:[141]
  ri-me eu, mas Febo prontamente os deu.
Sofre e queixa-se de mim o meu membro de si para si
  e, para meu ciúme, Febo é elogiado.
Mas, quanto a dinheirinho, o membro rendeu a Febo
  dois milhões:[142] dá-me tu[143] esta maquia, que eu cobrirei a
                                     [oferta.

---

[137] Da cor do barro.

[138] Porque a lenha vem da sua propriedade. É nessas cinzas que os ovos são 'cozidos'.

[139] Os *urbana officia*, as obrigações sociais, neste caso os deveres da clientela, tiram a saúde e deixam o cliente *albus*, pálido.

[140] Procurámos manter a rima: *cruciat .... saciat*.

[141] Trata-se de um preço astronómico por um escravo, só justificável pelo fim a que se destinava.

[142] Febo terá ganho tão avultada quantia pela prestação de serviços de carácter sexual.

[143] A apóstrofe dirige-se à sua própria *mentula*, o membro que lhe apresentou queixas, invectivando-a a que também o faça ganhar dois milhões.

Epigramas

59

Rende-me cem quadrantes a espórtula de Baias.[144]
No meio das delícias o que vale esta quantia de fome?
Restitui-me os sombrios banhos de Lupo e de Grilo:
tão mal como janto, para quê, Flaco, lavar-me bem?

60

Podes entrar, ó lebre, na larga boca do ameaçador leão,
mas o leão julga que nada tem nos dentes.
Sobre que dorso se lançará ou sobre que flancos cairá,
onde abrirá as profundas feridas que abre aos novilhos?
Porque maças tu em vão o senhor e rei dos bosques?
Ele não se alimenta senão de animais de eleição.

61

Verona ama os metros do seu douto poeta,[145]
e com Marão[146] se sente ditosa Mântua;
a terra de Ápono[147] é célebre pelo seu Lívio,
por Estela e não menos por Flaco;[148]
a Apolodoro[149] aplaude o transbordante Nilo;
com Nasão[150] ressoam os Pelignos;
de dois Sénecas e do único Lucano[151]
fala a eloquente Córduba;

---

[144] Zona balnear de luxo e, por isso, muito cara. Com a espórtula miserável que o poeta aí recebe vê-se obrigado a regressar aos banhos pobres de Roma.

[145] Catulo.

[146] Públio Vergílio Marão (70 - 19 a.C.), o genial poeta das *Bucólicas,* das *Geórgicas* e da *Eneida.*

[147] Fonte termal perto de Pádua (*Patauium*), terra natal de Tito Lívio (59 a.C. - 17 d.C.), autor da monumental obra, em 142 livros, *Ab Vrbe condita,* história que vai desde a fundação de Roma até aos tempos de Augusto.

[148] V. n. a I 7,1. Flaco não é identificável com segurança.

[149] Desconhece-se quem seja este Apolodoro, natural do Egipto.

[150] Públio Ovídio Nasão, nascido em *Sulmo,* no país dos Pelignos, em 43 a.C., morreu, em 17 d.C., em Tomos, no mar Negro, para onde fora exilado por Augusto. Escreveu, entre tantas celebradas obras, a *Arte de Amar* e as *Metamorfoses.*

[151] Séneca-o-Retor (c. 55 a.C. - c. 39 a.C.) e seu filho Séneca, filósofo estóico (c. 1 a.C. - 65 d.C.). Lucano (39 - 65 d.C.), neto do primeiro e sobrinho do segundo, autor do poema épico *Bellum ciuile,* mais conhecido por *Pharsalia,* sobre a guerra civil entre César e Pompeio.

Livro I

alegra-se com o seu Cânio[152] a divertida Gades,
  Emérita com o meu caro Deciano;[153]
contigo, Liciniano,[154] se gloriará
  e de mim se não calará, a nossa Bílbilis.

62

Não ficava atrás das antigas Sabinas, tão casta era Levina,[155]
  e esta, mais austera mesmo que o severo marido,
à força de se lançar, ou no Averno, ou no Lucrino,[156]
  e à força de se esquentar nas águas de Baias,
ficou em fogo: e foi atrás de um jovem, abandonando
  o marido: uma Penélope chegou, outra Helena partiu.[157]

63

Pedes que te recite os meus epigramas. Nem pensar!
  Tu não queres ouvir, Céler, queres é recitar.[158]

64

És bela, já sabemos, e donzela, é verdade,
  e rica, quem é que o pode negar?
Mas, Fabula, quando te louvas demais,
  nem és rica, nem bela, nem donzela.

---

[152] Cânio Rufo era natural de *Gades* (Cádiz) e escritor multifacetado (cf. III 20), mas de cuja obra nada sobreviveu.

[153] Cf. n. a I 8, 4.

[154] Cf. n. a I 49, 3.

[155] Era proverbial o rigor moral dos Sabinos e a castidade das suas mulheres.

[156] Dois lagos famosos, ambos de origem vulcânica, situados na Campânia, não muito longe de Baias e do golfo de Nápoles. Eram sítios muito procurados pela gente desafogada, para veraneio e prazer.

[157] Penélope, a mulher de Ulisses, é o paradigma da fidelidade conjugal, pois esperou 20 anos pelo marido. Helena é a bela e volúvel mulher de Menelau que, raptada por Páris, deu origem à guerra de Tróia. A evocação das duas personagens homéricas traduz a 'metamorfose' de Levina.

[158] Céler quer apresentar, como seus, os poemas de Marcial, numa *recitatio*. As *recitationes*, vulgarizadas desde os tempos de Augusto, eram sessões em que os autores liam em público (para amigos e simples interessados) as respectivas obras, como forma de as divulgarem. Tornara-se uma autêntica 'moda': todos liam e tudo era lido.

Epigramas

65

Quando eu disse *ficus*, tu riste como se fosse uma barbaridade,
e mandas-me dizer, Letiliano, *ficos*.
Chamarei *ficus* **aos que sabemos que nascem na árvore,
chamarei** *ficos*,[159] **Letiliano, aos que tens no traseiro.**

66

Estás enganado, ávido ladrão dos meus livros,
que julgas tornar-te poeta só pelo preço
que custa a escrita e um rolo barato:[160]
os vivas não se compram por seis ou dez sestércios.
Procura poemas inéditos e obras inacabadas,
que, ocultas no escrínio, só uma pessoa conhece:
guarda-as o próprio pai do papiro virgem,
que se não enrugou puído por um queixo áspero.[161]
Um livro conhecido não pode mudar de dono.
Mas se há algum com o rosto ainda não polido da pedra-
[-pomes,[162]
e não adornado de cilindros e de capa protectora,[163]
compra-o: desses tenho eu; e ninguém o saberá.
Quem recita o que é dos outros e procura a fama,
não deve comprar o livro, mas o silêncio.

---

[159] Jogo de palavras: *ficus, -us* e *ficus, -i* significam 'figo' e 'hemorróides'. Marcial propõe-se aqui usar a primeira (do tema em *-u*, no ac. do plural: *ficus*) para designar o fruto e a segunda (do tema em *-o*, no ac. do plural: *ficos*) para designar aquelas excrescências do ânus, aqui associadas à homossexualidade passiva insinuada sobre Letiliano.

[160] A escrita (*scriptura*) e o rolo (*tomus*) devem referir-se aos serviços de um *scriba* e ao suporte material que o plagiário comprara para copiar os poemas de Marcial (e depois dizê-los seus).

[161] Quando a leitura de um *uolumen* chegava ao fim, prendia-se firmemente entre o queixo e o peito a extremidade em que o texto tinha início e enrolava-se de novo, do fim para o princípio. Assim, esse contacto com o queixo, se a obra fosse muito lida, acabava por desgastar o papiro.

[162] As margens superior e inferior (*frontes*) do papiro eram alisadas e polidas com pedra-pomes.

[163] Era em torno de um cilindro (*umbilicus*), uma espécie de vara de madeira ou marfim, agarrando as extremidades com ambas as mãos e com o princípio do papiro preso debaixo do queixo, que os *uolumina* eram enrolados. A *membrana*, de pergaminho, protegia o *uolumen*.

Livro I

67

'És um tipo demasiado livre' dizes-me a toda a hora, Cérilo.
Quem contra ti fala, Cérilo, é um homem livre.[164]

68

Faça Rufo o que fizer, nada existe para Rufo senão Névia.
Se se alegra, se chora, se se cala, dela está a falar.
Janta, brinda, pede, recusa, faz sinal: há só uma
Névia; se não fosse Névia, seria mudo.
Ontem, mal luzia o buraco, quando escrevia a saudação ao pai:
'Névia minha luz', escreveu, 'Névia meu sol, bom dia!'
Névia lê estas palavras e ri-se baixando o rosto.
Névia não há só uma: porque, meu palerma, deliras?[165]

69

Costumava Tarento exibir, Máximo, uma estátua de Pã,
começou agora a exibir uma estátua de Cânio.[166]

---

[164] Epigrama de interpretação incerta. Outra interpretação seria colocar um ponto de interrogação no final do segundo verso, do que resultaria: "Quem é que diz de ti 'é um homem livre'? Nesse caso, o jogo assentaria na polissemia do adjectivo *liber*: desbragado, desbocado, solto nas palavras; liberto, de condição livre.

[165] Neste epigrama *non una est* pode sugerir duas interpretações: "não é única" ou "não é constante na sua forma de agir". E a ambiguidade, neste caso, até pode ser pretendida pelo poeta: cf. U.Carratelo, "Un folle amore in Marziale... (Mart. I 68)": *Studi classici in onore di Quintino Cataudella*, Catania, Univ., 1972, III, 391-401. Artificiosa é a resolução do problema proposta por L. C. Watson, "Three women in Martial": *CQ* 33 (1983) 260: a relação entre Rufo e Névia seria incestuosa. Com efeito, Névia seria madrasta de Rufo filho e esposa de Rufo pai. Este, ao apanhar a carta do filho, confronta a esposa com o facto. Névia, ao ler, fica embaraçada e *ridet demisso... uoltu*. O marido enfurece-se sem razão, uma vez que, segundo o poeta, há muitas mulheres chamadas Névia.

[166] Epigrama de interpretação discutível. Parece querer dizer que Tarento era, até aí, conhecida por uma estátua do sátiro Pã, deus dos pastores e dos rebanhos, meio-homem, meio-bode, frequentemente representado a rir. Mas, depois da chegada de Cânio Rufo, conhecido pelo seu bom-humor e excelente disposição (cf. III 20, 21), passou a ser ele o *ex-libris* da cidade.

Epigramas

70

Vai, ó livro, saudar em vez de mim:[167] ordeno-te que vás,
serviçal,[168] até à resplendente morada de Próculo.
Queres saber o caminho; vou indicar-to. O templo de Castor,
          [vizinho
da antiga Vesta, tu atravessarás e a casa das virgens;[169]
daí dirigir-te-ás ao venerando Palatino[170] pela ladeira sagrada,
ao longo da qual brilham muitas imagens do supremo
          [príncipe.
E não te detenham os raios do admirável colosso,[171]
que se compraz em vencer no volume a obra de Rodes.[172]
Muda de direcção onde está o monumento do ébrio Lieu[173]
e onde está a cúpula de Cíbele com um coribante pintado.[174]
Logo à esquerda te fica a fachada dos ilustres Penates,[175]
e deves aproximar-te do átrio da sublime mansão.

---

[167] Marcial encarrega o seu livro de proceder, em vez dele, à *salutatio* a seu requintado e rico amigo Gaio Júlio Próculo, e ensina-lhe o caminho. Como justificação para não ir ele próprio apresenta a razão de que, se cumprir à risca as obrigações da clientela, não lhe sobrará tempo para escrever poesias (vv. 17-8).

[168] *Officiosus*, isto é, encarregado de desempenhar os *officia*, os deveres de cliente.

[169] O *Atrium Vestae*, onde viviam as Vestais, sacerdotisas de Vesta, encarregadas de guardar e manter sempre aceso o fogo da pátria. Escolhidas entre as melhores famílias, na idade de 6 a 10 anos, serviam durante 30 anos e não podiam unir-se a nenhum homem, sob pena de serem emparedadas vivas.

[170] 'Venerando', quer porque foi no Palatino que Roma teve origem, quer porque aí ficava o Palácio do imperador. A 'ladeira sagrada' (*sacer cliuus*) que lhe dava acesso estava ornamentada com várias imagens de Domiciano (cf. v. 5, *summus dux*). O terceiro Flávio encheu a cidade e o mundo romano de estátuas suas, que exigia serem em ouro ou prata e terem um determinado peso mínimo.

[171] V. n. a *Spect.* 2, 1.

[172] O Colosso de Rodes, uma das sete maravilhas do mundo (uma das duas que Marcial não citou em *Spect.* 1). Era uma estátua em bronze do deus grego do sol, Hélio, que se erguia à entrada do porto de Rodes. Foi destruído por um terramoto, c. 220 a.C.

[173] Epíteto de Dioniso (Baco).

[174] O referido santuário de Cíbele teria pinturas com a representação dos sacerdotes eunucos que lhe prestavam culto (*Corybantes*).

[175] Os Penates são deuses domésticos encarregados de prover ao abastecimento do lar. Recebiam culto familiar, juntamente com os Lares, deuses protectores da casa.

Livro I

Dirige-te para ela. Não temas o luxo ou um limiar arrogante:
não há porta mais aberta do que todo este umbral,
e nenhuma que Febo e as suas doutas irmãs[176] amem mais de
[perto.
Se ele disser: 'Mas porque não veio ele próprio?'
assim me deves desculpar: 'Porque, seja qual for a apreciação
destes versos, quem vem saudar não os teria podido escrever.'

71

Toca a beber seis copos por *Laeuia*, sete por Justina,
cinco por Licas, por Lide quatro, por Ida três.
Contem-se as amantes todas pelo falerno vertido
e já que nenhuma vem, vem a mim tu, ó Sono.[177]

72

Que tu és um poeta, à custa dos meus versos,
julgas e desejas que se acredite, Fidentino?
Assim Egle considera que tem dentes,
depois de comprar ossos e marfim das Índias;[178]
assim, mais negra que uma amora cadente,
coberta de alvaiade,[179] Licóris sente-se bela.
Da mesma forma que és poeta,
quando estiveres careca, serás cabeludo.[180]

73

Não havia ninguém em toda a cidade que quisesse tocar
de graça na tua mulher, Meciliano,
enquanto era permitido: mas agora, que lhe colocaste guardas,
imensa é a turba dos que a fodem: tu és um tipo esperto.[181]

---

[176] Apolo e as Musas, o que significa que Próculo é dado às letras.

[177] Trata-se do hábito de beber pelo número das letras do nome das pessoas.
Por isso mantivemos o nome latino *Laeuia,* para manter as seis letras.

[178] Materiais de que se faziam os dentes postiços.

[179] Produto usado na maquilhagem feminina, como 'base' para dar tom claro
e uniforme ao rosto.

[180] Recorrendo a uma cabeleira postiça, como muitos, homens e mulheres,
faziam na época.

[181] Os muitos que agora lhe procuram a mulher (o fruto proibido é o mais
apetecido) têm de subornar os 'guardas' (escravos de confiança) que a vigiam,

Epigramas

74

O tipo era teu amante: tu, no entanto, Paula, podias negar.
Eis que agora é teu marido: acaso, Paula, ainda te atreves a
[negar?

75

Metade dar a Lino em vez de emprestar a totalidade:
quem antes assim quer, antes quer perder metade.

76

Ó não baixa recompensa dos meus cuidados,
Flaco, esperança e filho da casa de Antenor,[182]
deixa para depois os cantos piérios e os coros das [nove]
[irmãs,[183]
nenhuma destas virgens te dará um chavo.
Que pretendes tu de Febo? Dinheiro tem o cofre de Minerva;[184]
ela é esperta, ela é a única que empresta a todos os deuses.
Que podem as heras de Baco[185] oferecer? A árvore de Palas[186]
verga os ramos variegados, negra da sua carga.
O Hélicon,[187] além das águas, das coroas e das liras das deusas,
nada tem de grande, só estéreis bravos.
Que te interessa Cirra?[188] Que te interessam as águas do
[Permesso?[189]
O foro romano é mais perto e mais rico.

---

além de pagarem os favores da dama, o que resulta numa boa fonte de receitas para Meciliano, proxeneta da própria esposa.

[182] Perífrase que designa Pádua por meio da referência ao seu mítico fundador, herói da guerra de Tróia. Flaco deve ser o poeta de I 61,4. Neste epigrama, Marcial aconselha o amigo a trocar a poesia, que nada rende, pela actividade dos tribunais, sobremaneira produtiva.

[183] As Musas, que se dizia terem vindo de Piéria, na Macedónia.

[184] Protectora dos oradores.

[185] Possível alusão à poesia dramática.

[186] A oliveira, árvore de Palas (Minerva).

[187] Montanha da Beócia, lugar de eleição das Musas (as 'deusas'), que aí recebiam culto.

[188] Porto de Delfos, cidade dedicada a Apolo. Outros dizem ser referência ao Parnasso, montanha a norte de Delfos, onde ficava a nascente de Castália, fonte que dava inspiração e era local de culto a Apolo e às Musas.

[189] Rio que corre no sopé do Hélicon e cujas águas davam inspiração poética.

Livro I

Ali tilinta o dinheiro, enquanto em volta dos nossos palcos
e cadeiras estéreis ressoa apenas o estalar dos beijos.[190]

77

Passa bem Carino e, mesmo assim, é pálido.
Pouco bebe Carino e, mesmo assim, é pálido.
Digere bem Carino e, mesmo assim, é pálido.
Apanha sol Carino e, mesmo assim, é pálido.
Tinge a pele Carino e, mesmo assim, é pálido.
Lambe conas Carino e, mesmo assim, é pálido.[191]

78

Pois que uma doença contagiosa injustamente lhe oprimia a
[garganta,
e a negra infecção se estendia para o rosto,
animando ele próprio, de rosto enxuto, os amigos em pranto,
Festo[192] decidiu encaminhar-se para os lagos estígios.[193]
Não desfigurou o virtuoso rosto com um secreto veneno,[194]
ou distorceu os funestos fados com uma lenta fome,[195]
mas, com uma morte à romana,[196] terminou a honesta vida
e abandonou a alma na mais nobre pira.

---

[190] Alusão às *recitationes* (v. n. a I 63, 2). O autor ocupava um *pulpitum*, um estrado ou palco, enquanto a assistência se sentava em *cathedrae*, ditas *steriles* porque nada rendem ao escritor a não ser o aplauso.

[191] Esta conclusão tem duas possíveis interpretações: apesar do seu desvio sexual, Carino não tem vergonha, não cora (mas a acção expressa no v. 5 sugere que ele tentava esconder a palidez, o que contraria esta hipótese); Carino estaria doente, dado o *uitium* a que se entregava.

[192] Deve tratar-se de Valério Festo, militar e político de relevo no tempo de Vespasiano. O seu suicídio segue os moldes estóicos: optou pela morte quando atingido por doença incurável (vv. 1-2), explicou aos amigos a sua decisão e deu-lhes força para aceitarem a dor, não se deixando ele próprio tomar pela emoção (v. 3). Assim haviam feito Sócrates, Catão e Séneca. A forma de pôr termo à vida foi também estóica: morreu como Catão de Útica (vv. 7 e 9).

[193] O Estige é um rio dos Infernos, que as almas dos mortos atravessam na barca de Caronte.

[194] Assim se suicidaram muitos Romanos, como Séneca, que, depois de ter cortado as veias, tomou cicuta.

[195] Deixar-se morrer por inanição foi, por ex., a forma escolhida por Sílio Itálico, atingido também por doença incurável, para pôr termo à vida.

[196] A morte pela espada.

Epigramas

Preferir esta morte aos fados do grande Catão,
bem o pode a Fama: porque deste, César era amigo.[197]

79

Despachas sempre causas e despachas negócios, Átalo, sempre:
haja, não haja que despachar, Átalo, tu despachas sempre.
Se faltam os serviços e as causas, despachas, Átalo, mulas.
Átalo, para que não falte que despachar, despacha a alma.[198]

80

Recebeste a espórtula, Cano, na tua derradeira noite.
Foi ela que te matou, julgo eu, Cano, porque foi uma só.

81

Sabes que és filho de escravo e com civilidade o confessas
quando, Sosibiano, chamas 'senhor' a teu pai.[199]

82

Desmoronado numa imensidão de pó,
o pórtico estende as alongadas ruínas:
e, vejam lá, de que desgraça ele jaz absolvido!
Ainda há pouco Régulo, por debaixo da cobertura,
tinha sido transportado; e mal se afastara,
quando o tecto foi de súbito vencido pelo peso;
e, depois que nada temia pelo seu senhor,
sem derramar sangue, ruiu com um dano sem cuidados.
Depois do receio de tão grande dor, Régulo,

---

[197] No momento da morte, Festo é superior a Catão, pois este suicidou-se incompatibilizado com Júlio César, aquele renunciou à vida gozando do favor de Domiciano.

[198] Jogo com os diversos significados de *agere*, que dependem do compl. directo que o verbo rege: *agere causas / res* (v. 1); *agere mulas* (v. 3), trabalho de um *mulio*, um almocreve; *agere animam* (v. 4), 'morrer'. Átalo está sempre ocupado e, quando não tem que fazer, inventa. Não tem é tempo para Marcial.

[199] *Dominus* pode significar 'dono de um escravo' ou ser fórmula respeitosa de tratamento, *e.g.* para um pai. Sosibiano é fruto dos amores adúlteros de uma *matrona* com um escravo e, por isso, dirige-se ao seu pai 'oficial' como *dominus*, o que é justo, pois os filhos dos escravos pertenciam ao respectivo dono, e ele é filho de um escravo do marido de sua mãe.

Livro I

quem poderá negar que és tu o cuidado dos deuses,
se por tua causa foi inofensiva a derrocada?[200]

83

A boca e os lábios te lambe, Maneia, um cachorro.
Não me admira nada, se a um cão até comer merda agrada![201]

84

Quirinal não acha necessário ter esposa,
embora queira ter filhos; e encontrou
a forma de resolver o problema: fode as escravas
e enche a mansão e os campos de servos cavaleiros em casa
[nascidos.[202]
Quirinal é um verdadeiro *pater familiae*.[203]

85

Um pregoeiro espirituoso, ao fazer a venda de umas encostas
[bem cultivadas
e umas belas jeiras de terra dos arrabaldes da cidade,
dizia: 'Engana-se quem julgar que Mário tem necessidade
de vender: não deve nada a ninguém, antes empresta
[dinheiro.'
'Qual é, pois, a razão?' 'Perdeu ali todos os escravos
e gado e colheitas: por isso não gosta do lugar.'[204]

---

[200] Variação sobre o mesmo tema de I 12, com iguais intenções adulatórias: o prodígio (marcado pelos oximoros do v. 8, 'dano sem cuidados', e do v. 11, 'inofensiva derrocada') que milagrosamente poupou a vida a Régulo.

[201] Interpretação duvidosa, embora claramente obscena. Se *os* e *labra* (v. 1) designam os órgãos do rosto, o que se insinua é que Maneia pratica a *fellatio*. Se os termos são metáfora para os órgãos sexuais, então ela entrega-se a actividades vergonhosas com o seu cão. Esta interpretação ganha peso dado que o verbo *lingere* tem amiúde conotações obscenas.

[202] *Equitibus uernis* é um paradoxo: os filhos são *equites*, cavaleiros, pelo lado do pai (o que não acontecia legalmente, pois os filhos seguiam a condição social da mãe), e são *uernae* (os escravos nascidos em casa do *dominus*) pelo lado da mãe.

[203] Jogo de palavras que recorre ao conceito jurídico do tradicional *pater familias,* para o deslocar do seu contexto e o aplicar à noção de *familia* como conjunto de escravos.

[204] Habituado a convencer o público segundo certos parâmetros, ou desejoso de ser engraçado (cf. v. 1), o pregoeiro não vê que revela as razões verdadeiras da venda, ou não se importa de o fazer. Com isso dissuade os eventuais compradores.

Epigramas

Quem fará uma oferta, se não quer perder tudo o que é seu?
E assim atracado a Mário continua, malfazejo, aquele campo.

86

Nóvio é meu vizinho, e até apertar a mão
se pode das nossas janelas.[205]
Quem há que não me inveje e julgue
que eu sou feliz a toda a hora,
por poder fruir de um tão próximo amigo?
Para mim está tão longe como Terenciano[206]
que governa agora a nilíaca Siene.[207]
Nem conviver, nem vê-lo sequer,
nem ouvi-lo é possível, e em toda a cidade
não há ninguém tão próximo e tão longe de mim.
É necessário que eu me mude para mais longe, ou ele.
Seja vizinho de Nóvio ou co-locatário
quem não quiser ver Nóvio.[208]

87

Para não tresandares, Fescénia, ao vinho de ontem,
Fartas-te de mastigar pastilhas de Cosmo.[209]
Este pequeno-almoço limpa os dentes, mas em nada obsta,
quando o arroto brota do fundo sorvedouro.[210]
E então? Não é mais forte a mistura de fedor e perfume
e, redobrada, não vai mais longe a exalação do hálito?
Já são de sobra conhecidos os truques, e os ardis desmascarados:
deixa-te disso e sê simplesmente bêbeda.

---

[205] A afirmação não é tão hiperbólica como parece pois, em Roma, as ruas eram estreitas. As janelas existiam nas *insulae*, os edifícios de apartamentos com vários andares e que, por isso, ao contrário da *domus* de proprietários mais abastados, se abriam para o exterior para receber luz e arejamento.

[206] Terenciano, cuja identidade desconhecemos, seria *praefectus* de uma das três coortes estacionadas no Egipto.

[207] Para acentuar a distância, Marcial localiza o amigo em Siene, o ponto mais meridional do Egipto dominado por Roma, junto à 1ª catarata do Nilo (hoje Assuão).

[208] Ou Nóvio foge do contacto com o amigo ou, então, é a própria proximidade das habitações que o leva a resguardar o mais possível a sua privacidade.

[209] Nome de um conhecido vendedor de perfumes.

[210] Procurámos manter a aliteração a sugerir o som do arroto.

Livro I

88

Álcimo, que, arrebatado ao seu senhor no florir dos anos,
  a terra labicana[211] cobre com suave relva,
aceita, não a vacilante massa de mármore de Paros,
  que um vão afã oferece, destinada a ruir, à tua cinza,
mas os flexíveis buxos e as espessas sombras das videiras
  e as ervas que reverdecem orvalhadas pelas minhas lágrimas.
Aceita, caro rapaz, o testemunho da minha dor:
  esta homenagem viverá para ti, pelo tempo sem fim.
Quando Láquesis[212] tiver acabado de fiar os meus derradeiros
                                       [anos,
não de outro modo recomendo que possam repousar minhas
                                       [cinzas.

89

Palras sempre ao ouvido de todo o mundo, Cina,
até o que se pode palrar com toda a gente a ouvir.
Ris ao ouvido, queixas-te, acusas, lamentas,
cantas ao ouvido, julgas, calas-te, gritas...
Está tão profundamente arreigada em ti esta doença,
que muitas vezes é ao ouvido, Cina, que tu louvas César.[213]

90

Já que nunca te via, Bassa, rodeada de machos,
  já que nenhum rumor te atribuía um amante,
mas, para todo o serviço, à tua volta, se afadigava
  uma multidão do teu sexo, sem um homem presente,
parecias-me, confesso, uma Lucrécia:[214]
  mas, ó desgraça, eras tu, Bassa, o garanhão.

---

[211] Álcimo foi sepultado junto à *uia Labicana*, a SE de Roma.

[212] Uma das Parcas, as três divindades do Destino: Átropo fia o fio da vida, Cloto doba-o, Láquesis corta-o.

[213] O que se esperaria, por razões óbvias (louvor, admiração... ou cuidadosa necessidade de expressar o apoio), é que os encómios a Domiciano fossem feitos em alta voz.

[214] Lucrécia é o paradigma da mulher casta e virtuosa. Esposa de Tarquínio Colatino, foi violada pelo filho de Tarquínio Soberbo, o rei etrusco que dominava Roma. Ela relatou o sucedido ao marido e ao pai e, depois, suicidou-se, para não sobreviver ao ultraje. A reacção à ofensa e morte de Lucrécia explicava miticamente a queda da monarquia e a instituição da república (509 a.C.).

Epigramas

Ousas unir entre si duas ratas,
   e faz de homem a tua Vénus de aberração.
Inventaste um prodígio digno do enigma de Tebas:[215]
aqui não há homem, embora haja fornicação.

91

Embora não publiques os teus, criticas os meus poemas, Lélio.
Deixa de criticar os meus, ou publica os teus!

92

Muitas vezes Cesto a mim se queixa e não de olhos enxutos,
   de ser tocado, Mamuriano, pelo teu dedo.
Não é preciso o dedo: toma Cesto por inteiro,
   se nada mais te falta, Mamuriano.
Mas se não tens um lar, nem a armação de um leito despido,
   nem o copo lascado de Quíone ou Antíope,[216]
e se te cai, amarela, sobre os rins uma capa manchada
   e te cobre as nádegas pelo meio uma túnica gaulesa
e te alimentas só do cheiro de uma cozinha negra
   e se bebes, de bruços com o cão, a água porca,
não é o cu — e nem sequer é cu, que há muito não caga —,
   que hei-de furar com o dedo, mas sim o olho que te resta.[217]
E não digas que eu sou ciumento e mesquinho.
   Em suma, vai ao cu, Mamuriano, mas de barriga cheia.

93

Lado a lado com o fiel Fabrício, repousa Aquino,
   que se alegra de ter sido o primeiro a rumar às moradas
                                                      [elísias.[218]
Um altar duplo testemunha o grau de primipilo;[219]

---

[215] O enigma que a Esfinge colocava a todos quantos entravam em Tebas:
qual é o animal que, de manhã, caminha com quatro pés, a meio do dia com dois,
e à noite com três? Todos os que não o resolviam eram devorados. Só Édipo
adivinhou a resposta: o homem, nas três etapas da vida. Neste caso, Marcial
desvendou também a charada: Bassa é uma tríbade.

[216] Nomes típicos de cortesãs.

[217] Jogo com a paronomásia, intraduzível em português, entre *culus*, 'cu', e
oculus, 'olho'.

[218] Os Campos Elísios eram a morada das almas bem-aventuradas.

[219] V. n. a I 31, 3.

Livro I

mas é mais grandioso o que se lê em tão breve inscrição:
'Unidos pelos sagrados laços de uma vida de glória,
o que rara fama conhece, um e outro eram amigos'.[220]

94

Cantavas mal enquanto pudeste foder, Egle.
Agora cantas bem; já ninguém te quer comer.[221]

95

Lá porque gritas sempre, lá porque interrompes os advogados,
[Élio,
não o fazes de graça: aceitas dinheiro para te calares.[222]

96

Se não é incómodo e se não te aborrece, escazonte,[223]
peço-te que ao meu amigo Materno[224] umas poucas palavras
lhe digas ao ouvido de forma que só ele ouça:
'Aquele apreciador de capas sombrias
e de lã bética[225] e de cinzento-escuro,
que julga que os que vestem de escarlate não são homens,
e chama às roupas cor de ametista vestidos de mulher,
ainda que louve as cores naturais, e vista sempre
cores escuras, tem costumes verde-amarelos.'[226]

---

[220] O que Marcial cita, nos vv. 5-6, é o epitáfio propriamente dito. As informações dos nomes e patente militar dos desaparecidos estariam no *titulus* da inscrição sepulcral (cf. vv. 1-4).

[221] Tentámos manter a rima pobre do texto: ...*fututa es /* ...*basianda non es.* A interpretação do epigrama é duvidosa. Parece querer dizer que, quando a prostituta aprendeu enfim a cantar, já estava tão velha que ninguém a queria.

[222] No tribunal, havia 'claques' (pagas ou constituídas por *clientes*) que aplaudiam os respectivos patronos ou vaiavam os seus oponentes. Isso é o que não causaria estranheza relativamente a Élio. Mas ele recebe dinheiro para se calar, com certeza porque, se abrisse a boca, prejudicaria, em vez de ajudar, quem lhe pagava.

[223] Trata-se de um dos metros dos epigramas de Marcial, aqui utilizado em apóstrofe ao livro.

[224] Materno é um jurisconsulto, compatriota de Marcial (v. X 37).

[225] A lã dos rebanhos da *Baetica*, província da Hispânia banhada pelo rio *Baetis* (Guadalquivir), não se tingia, pois tinha uma coloração natural escura.

[226] *Galbini mores* são costumes duvidosos, já que a cor designada era das preferidas pelos efeminados.

Epigramas

Ele perguntará donde me vem a suspeita de que o tipo é maricas.
Tomamos banho juntos: ele nunca olha para cima,
mas observa, com olhos devoradores, os sodomitas,
e não olha os seus membros com lábios indiferentes.
Perguntas quem é o tipo? Olha, esqueceu-me o nome.[227]

97

Quando todos gritam, é que tu falas, Névolo: só nessa altura;
   e julgas-te defensor e advogado.
Desta forma ninguém pode deixar de ser eloquente.
   Eis que todos se calam: Névolo, diz lá qualquer coisa!

98

Diodoro anda em justiça e sofre, Flaco, de gota nos pés.
   Mas nada dá ao advogado: isso é gota... nas mãos.

99

Ainda não tinhas sequer dois milhões,
mas tão pródigo e generoso
e tão opulento eras, Caleno, que todos
os amigos te desejavam dez milhões.
Ouviu um deus os votos e as nossas súplicas;
e no espaço, julgo eu, de sete calendas,[228]
quatro mortes te deram aquela soma.
E tu, como se te não fossem deixados,
mas roubados dez milhões, tornaste-te,
infeliz, num tal unhas-de-fome,
que os banquetes mais faustosos,
que ofereces, uma vez em todo o ano,
os preparas com a mesquinhez de uma moeda negra

---

[227] O poeta cumpre o que diz no prólogo, isto é, não diz mal de ninguém: omite os nomes ou usa nomes fictícios. Como diz em X 33, 10, poupa as pessoas e censura os vícios. Outra interpretação será 'escapou-me o nome' (*excidit mihi nomen*, pois o verbo *excidere* admite os dois significados: 'esquecer' e 'deixar escapar involuntariamente'). Assim, Marcial teria dito, no epigrama, o nome do falso virtuoso, e ao leitor perspicaz caberia encontrá-lo, como num enigma. Nesta hipótese, aventaram-se soluções: *Cinna* (v. 6: *coccinatos*, escarlate)? *Fuscus* (v. 9: *fuscos colores*, cores escuras)? *Galba* (v. 9: *galbinos*, verde-amarelos)?

[228] Sete meses. As calendas eram o dia 1 de cada mês.

Livro I

e nós, os teus sete velhos amigos,
te custamos meia libra de chumbo.
Que te havemos de augurar digno de tal proceder?
Desejamos-te cem milhões, Caleno.
Se esta sorte te tocar, tu à fome hás-de morrer.

100
Afra tem mamãs e papás, mas ela própria, dos papás
e das mamãs, pode dizer-se vovó.[229]

101
Aquela era a mão outrora confidente dos meus escritos,
    útil ao patrão e conhecida dos Césares:[230]
Demétrio abandonou o primeiro verdor dos anos,
    quando uma quarta colheita fora somada a três lustros.
Para que não descesse escravo às estígias sombras,
    pois que o queimava, entranhada, uma doença horrível,
providenciei e a todo o direito de dono sobre o doente
                    [renunciei:[231]
era justo que recuperasse a saúde com a minha dádiva.
Ele entendeu, ao morrer, a sua recompensa e 'patrono'[232]
    me chamou, enquanto se dirigia, livre, às águas infernais.

102
Aquele que pintou a tua Vénus, Licóris,
é um pintor, julgo eu, que quer agradar a Minerva.[233]

---

[229] Afra, velha e revelha, usa linguagem infantil (*mammma, tata*) para parecer uma menininha.

[230] Demétrio, *scriba* de Marcial, morto com 19 anos (v. 4), copiara as obras que Tito e Domiciano conheciam (ou, pelo menos, assim o espera o poeta).

[231] Referência a uma prática comum em Roma, a da manumissão dos escravos que se tinham em grande estima, antes de morrerem. O gesto era marcadamente afectivo, pois o senhor continuava a ter de pagar ao erário a percentagem de $1/_{20}$ sobre o valor do escravo, devida pelo acto da libertação do servo, mesmo tendo este morrido. Para que Demétrio morresse livre, Marcial renunciou ao *domini ius*, o 'direito de dono'.

[232] Em vez de *dominus*, Demétrio chama-lhe agora *patronus*, como devia fazer na sua condição já de *libertus* e não de *seruus*.

[233] Este pintor teria pintado uma Vénus pouco favorecida, o que agradaria a Minerva. Trata-se, portanto, de uma alusão ao julgamento de Páris.

Epigramas

103

'Se os deuses do alto me dessem um milhão de sestércios,'
dizias tu, Cévola, (e ainda não eras cavaleiro de pleno
[direito),[234]
'oh como viveria, com que liberalidade e com que felicidade!'
Sorriram-te complacentes os deuses e concederam-te a graça.
Depois disto, a toga é muito mais suja, a pénula[235] mais
[miserável,
o calçado é de couro três e quatro vezes remendado,
de dez azeitonas guarda-se sempre a maior parte,
e uma única refeição se desdobra em dois jantares,
e bebe-se borra espessa de tinto de Veios,
um asse custa o grão-de-bico fervido e um asse o amor.[236]
Vamos para justiça, ó aldrabão e caloteiro:
trata de viver ou, o milhão, Cévola, devolve-o aos deuses.

104

Se jugos atados ao pescoço malhado
suporta o leopardo, e os ferozes tigres
aceitam com resignação o chicote;
se os cervos mordem freios dentados de ouro;
se com rédeas são domados os ursos da Líbia,
e, tão grande como o que conta a lenda que Cálidon suportou,[237]
um javali obedece aos arreios de púrpura;
se feios bisontes puxam carros de guerra
e, se, à ordem de executar suaves danças,
o elefante não desobedece ao negro domador:
quem não julgará que são espectáculos de deuses?
Mas a estes põe-nos de lado, como secundários, quem quer
que veja as pequeninas caçadas dos leões
aos quais estafa o rápido temor das lebres.

---

[234] Para se pertencer ao *ordo equester* era preciso fazer prova, no *census*, de se possuir 400 mil sestércios.

[235] A *paenula* é uma espécie de capa com capuz e sem mangas, de lã grosseira ou couro (v. XIV 130). Usava-se sobretudo em viagem ou em dias de inverno mais rigoroso, por cima da *toga* ou da *tunica*.

[236] Base do sistema monetário romano, é moeda de pouquíssimo valor, preço das prostitutas mais abjectas.

[237] Referência ao javali que o herói Meléagro matou. V. n. a *Spect.* 32, 2.

Livro I

Soltam-nas, recuperam-nas, depois de apanhadas, afagam-nas,
e na boca está mais segura a presa:
oferecem-lhe a bocarra escancarada a dar passagem
e dá-lhes gozo suster os temidos dentes,
pois têm vergonha de despedaçar a delicada presa,
quando acabaram há pouco de abater novilhos.
Esta clemência não se prepara com a arte,
mas sabem a quem estão a servir os leões.

105

O que se produz, Ovídio,[238] nos campos de Nomento,
    é um vinho que, quando alcança longa idade,
despe, com o anoso envelhecimento, o carácter e o nome:
    uma ânfora velha pode chamar-se o que quiser.[239]

106

Acrescentas constantemente água ao vinho, Rufo,
e, se um amigo te força, raramente
bebes uma onça de falerno diluído.
Acaso te prometeu uma deliciosa
noite Névia e tu preferes que seja sóbria
a lascívia de uma trancada certa?
Suspiras, calas-te, gemes: ela disse que não.
É, pois, legítimo que bebas abundantes copázios
e que afogues no álcool o duro despeito.
Porque te absténs, Rufo? É preciso dormir.[240]

107

Muitas vezes me dizes, caríssimo Lúcio Júlio,
    "Escreve qualquer coisa grande: és um tipo preguiçoso."
Dá-me tempo livre,[241] qual concedeu outrora

---

[238] Quinto Ovídio é um dos melhores amigos de Marcial e seu vizinho em Nomento.

[239] Isto é, ganha tal qualidade, que fica digna de ostentar um rótulo de um falerno ou sécia, por exemplo. V. XIII 119.

[240] Cf. I 68 e I 71, 4.

[241] *Otium.*

Epigramas

Mecenas a Flaco e ao seu Virgílio:[242]
eu tentaria erigir obras imorredouras através dos séculos
e arrancar o meu nome às chamas.
Por campos estéreis não querem os novilhos arrastar o jugo:
o solo fecundo cansa, mas até dá prazer o trabalho.

108

Tu tens — e oxalá assim continue e aumente pelos anos fora —
uma casa bela, é verdade, mas do outro lado do Tibre:
ora o meu sótão tem vista para os loureiros de Vipsânio;[243]
nesta região já eu me tornei velho.
É preciso viajar, para, de manhã, em tua casa, Galo, te saudar:
vale o esforço, até mesmo que ela fosse mais longe!...
Mas para ti não é muito, se te ofereço um único cliente:
para mim é muito, se a mim nego, Galo, este único.
Eu irei saudar-te mais vezes em pessoa à décima hora:[244]
de manhã, te dará por mim os bons dias, o meu livro.

109

Issa é mais maliciosa que o pardal de Catulo,[245]
Issa é mais pura que um beijo de pomba,
Issa é mais carinhosa que todas as meninas,
Issa é mais preciosa que as pérolas da Índia,
Issa é uma cachorrinha, delícias de Públio.[246]
Tu, se ela geme, julgarás que fala;
sente tristeza e também alegria.
Deita-se apoiada no pescoço e cai num sono,

---

[242] Mecenas, amigo e companheiro de Augusto, fabulosamente rico, deu protecção e garantiu estabilidade económica a vários dos grandes nomes da literatura do momento, entre eles Horácio (Flaco) e Vergílio.

[243] O Pórtico de Agripa, no Campo de Marte, lugar frondoso e repousante. A casa de Marcial situa-se no Quirinal, bastante longe da de Galo.

[244] A hora da *cena*, principal refeição do dia. Os Romanos dividiam o dia em 12 horas, contadas desde o nascer até ao pôr-do-sol, com um ponto fixo (o meio-dia, *meridies*, em que começava a *hora septima*). Daí resulta que, de inverno, a 'hora' durava menos que de verão. Logo, a *decima hora* varia entre as 14 h 30m e as 16h.

[245] Cf. n. a I 7,3.

[246] Só no v. 5 se sabe que Issa é a cadelinha de estimação de Públio. Até aí, Marcial criou a ilusão de que pudesse tratar-se de uma jovem.

Livro I

em que nenhuns suspiros se ouvem;
e, obrigada pela necessidade do ventre,
nunca sujou as mantas com uma gota,
mas com a carinhosa pata te desperta e do leito
aconselha a retirá-la e pede para ser aliviada.
Mora tal pudor na casta cadelinha
que ignora Vénus; e não encontramos
um marido digno de tão terna menina.
Para que o derradeiro dia não a leve por inteiro,
Públio representa-a num quadro pintado,
no qual tão parecida vereis Issa
que tão parecida a si, nem ela própria é.
Em suma, põe Issa junto à pintura:
ou julgarás que uma e outra são reais,
ou julgarás que uma e outra são pintadas.

110

Queixas-te de que eu escrevo, Vélox, epigramas longos.
Tu nada escreves: mais breves os fazes.[247]

111

Já que tens uma fama e dedicação aos deuses igual à sabedoria
e a própria devoção não é menor que o teu engenho:
não sabe honrar tais méritos quem se admira que te ofereçam
[um livro
e quem se admira, Régulo, que te seja dado incenso.[248]

112

Quando ainda não te conhecia, chamava-te 'senhor' e 'rei',[249]
Agora bem te conheço: doravante para mim serás Prisco.[250]

---

[247] O nome é escolhido intencionalmente: *Velox* significa 'veloz, rápido', o que assenta bem a quem quer epigramas breves. Também é propositado o facto de este poema, com um único dístico e falando de tais 'queixas', se seguir a um epigrama invulgarmente longo (23 versos).

[248] Marcial terá enviado a Régulo o seu livro e incenso, explicando que essas são as ofertas naturalmente indicadas para quem possui tal *ingenium* e tal *pietas*, é tão culto e tão pio.

[249] *Dominus et rex* é a fórmula de tratamento do cliente para com o patrono.

[250] Marcial apercebeu-se de que também Prisco era cliente de outros patronos, ou que era tão pobre como ele, o que o leva a considerá-lo como seu igual e a

Epigramas

113

Os gracejos que terei composto outrora, menino e moço,
as minhas bagatelas, que nem eu próprio já recordo,
se quiseres empregar mal as tuas boas horas,
e estragar o teu tempo livre, leitor,
poderás pedi-las a Quinto Pólio Valeriano:
é ele que não deixa morrer as minhas bagatelas.[251]

114

Estes jardins de ti vizinhos, Faustino,
   Fénio Telésforo os possui, o breve campo e os húmidos
                                           [prados.
Sepultou aqui as cinzas da sua filha e imortalizou o nome
   que tu lês, de Antula; era mais justo que aqui se lesse o nome
                                             [dele:[252]
mais justo fora que tivesse sido o pai a descer às sombras
                                           [estígias.
   Já que isso não foi permitido, que ele viva, para venerar os
                                           [ossos dela.

115

Há uma tal que me deseja — inveja-me, Procilo —,
uma mocinha mais alva que um cisne branco,
que a prata, que a neve, que o lírio, que o ligustro:
mas eu quero uma mais negra que a noite,
que uma formiga, que o breu, que um gaio, que a cigarra.
Já pensavas enfiar a corda sinistra no pescoço:
se bem te conheço, Procilo, hás-de viver.[253]

---

tratá-lo pelo nome próprio. Afinal, não lhe deve respeito nem dele receberá grande coisa.

   [251] Marcial, como muitos autores na idade madura, (quase) rejeita os escritos de mais verdes anos. Chama-lhes *lusus* (v. 1, gracejos), *apinae* e *nugae* (vv. 2 e 6, bagatelas), diz que mal se lembra deles e que são uma perda de tempo para quem os quiser ler. Mas sempre vai indicando onde se podem comprar...

   [252] Na literatura grega e latina é muito explorado o conceito de que os pais devem morrer primeiro do que os filhos, segundo a ordem natural.

   [253] Suspirando de alívio, pois afinal o poeta não deseja a mesma 'mocinha' que ele. Ou então porque, invejoso por natureza, se congratula com os amores desencontrados de Marcial.

Livro I

116

Este pequeno bosque, consagrou-o à eterna homenagem das
[cinzas
Fénio, bem como as poucas jeiras de solo cultivado.
Oculta neste túmulo está Antula cedo roubada aos seus,
nele hão-de misturar as suas cinzas a Antula, um e outro, os
[seus pais.
Se alguém deseja este campo, aconselho-o a perder a esperança:
este há-de ficar para sempre ao serviço dos seus donos.[254]

117

Sempre que nos encontramos, Luperco,
'Queres que te envie um escravo — dizes logo —
a quem entregues o livro dos epigramas
para que eu to devolva prontamente lido?'
Não é caso para estafar o escravo, Luperco.
É longe, se ele quiser vir ao Piro; [255]
vivo no terceiro andar e é alto.[256]
O que procuras poderás pedi-lo mais perto.
Certamente costumas frequentar o Argileto.[257]
Em frente ao foro de César[258] está uma loja
com as ombreiras de um lado e doutro cheias de inscrições,
de modo que rapidamente se leia o nome de todos os poetas.[259]
Procura-me aí. Nem precisas de pedir a Atrecto
— este é o nome do dono da loja —;

---

[254] O poeta retoma o tema de I 114, a *immatura mors* de Antula. Já aí eram vários os ecos das fórmulas e temas comuns dos epitáfios. Este epigrama, porém, reforça esse aspecto, o que o aproxima de uma autêntica epígrafe sepulcral.

[255] Estrada em que habitava Marcial, provavelmente no Quirinal.

[256] Marcial refere-se à casa alugada em que vivia (só mais tarde terá casa própria) e que, em I 108, 3, designou por *cenacula*. As *insulae* chegavam a ter seis e sete andares. Quanto mais alta era a casa, maior era o perigo de derrocada e a ameaça de incêndios. Os andares mais altos eram ocupados por gente de poucas posses, como o poeta.

[257] V. n. a I 2, 8 e I 3, 1.

[258] Não é possível determinar se Marcial se refere ao *Forum Iulii*, mandado construir por Júlio César, ou ao *Forum Transitorium* (cf. n. a I 2, 8).

[259] A publicidade às obras vendidas na loja era pintada nas ombreiras da porta ou em cartazes aí afixados.

Epigramas

ele da primeira estante ou da seguinte[260] te há-de dar,
polido pela pedra-pomes[261] e ornado de púrpura,[262]
por cinco denários, Marcial.
«Não vales tanto!» dizes tu. Tu és sabidão, Luperco.

118

A quem não bastar ler cem epigramas,
  nada lhe pode bastar, Cediciano, do que é mau.[263]

---

[260] São as estantes mais ao alcance da mão. Marcial subentende, sem qualquer modéstia, que a sua obra é a mais vendida. É, de resto, por isso que o livreiro logo adivinhará a intenção de Luperco (cf. v. 13).

[261] V. n. a I 66, 10.

[262] A *membrana* protectora era tingida de púrpura para edições de luxo, como a aqui publicitada (o que justifica o preço elevado de 5 denários). V. n. a I 66, 11.

[263] Há quem veja aqui alusão à célebre resposta de Calímaco aos que o criticavam por escrever sempre obras breves: 'grande livro, grande mal'.

LIVRO II

Valério Marcial ao seu caro Deciano,[1] saudações![2]

«Que ganhamos nós — dizes tu — com um prefácio? Acaso te concedemos pouco, se lemos os epigramas? Além disso, que vais tu dizer que não possas dizer em verso? Compreendo porque é que a tragédia e a comédia recebem um prefácio; a estas não lhes é permitido falar por si próprias: os epigramas não carecem de um arauto e contentam-se com a sua língua, isto é, a má língua. Em qualquer página, segundo parece, escrevem, eles próprios, um prefácio. Não queiras, vê lá, cair no ridículo de vestir a toga à personagem do bailarino.[3] Enfim, vê lá se te diverte enfrentar um reciário[4] com uma vergasta. Eu, cá por mim, sento-me entre os que protestam imediatamente.[5]» Tenho para mim, Deciano, que tu, caramba, dizes a verdade. E então se soubesses o tipo e o tamanho do prefácio com que estiveste a ponto de amargar?! Pois bem, faça-se o que exiges. Ficará em dívida para contigo, quem lançar os olhos sobre este livro, porque não chegará cansado à primeira página.

---

[1] Sobre Deciano, v. n. a I 8,4.

[2] É a fórmula de saudação que dá início às epístolas.

[3] A dança nunca foi muito bem vista pelos Romanos. Representa aqui a licenciosidade, que o uso de uma toga, símbolo de dignidade, não esconde nem remedeia.

[4] O *retiarius* era o gladiador que combatia com uma rede e um tridente, mas sem armas defensivas. Com a rede imobilizava o opositor, com o tridente executava-o. Logo, enfrentar um reciário com uma 'vergasta' seria feito inevitavelmente condenado ao fracasso. Do mesmo modo, de nada serve a Marcial defender-se de eventuais críticas com epístolas introdutórias.

[5] Alusão à generalidade dos espectadores romanos que, segundo parece, reclamavam e vaiavam ao primeiro momento de desagrado.

Epigramas

1

Três centenas de epigramas poderias pela certa contar;
     mas quem te suportaria e te leria até ao fim, ó livro?
Aprende antes quais as vantagens de um curto livrinho.
     Em primeiro lugar, porque é menor o papiro que eu estrago;
depois, porque o copista em uma hora os conclui,
     e não se dedicará somente às minhas bagatelas;
a terceira razão é que, se acaso fores recitado a alguém,
     ainda que sejas mesmo mau, não serás fastidioso.[6]
A ti, há-de ler-te o conviva, depois de misturado o vinho, mas
                                         [antes
     que a taça servida quente[7] comece a arrefecer.
Parece-te que estás seguro com tão grande brevidade?
     Ai de mim, quão longo tu serás, ainda assim, para muita
                                         [gente!

2

Creta deu um grande nome, maior deu a África,
     o que Cipião,[8] vencedor, possui e o que possui Metelo.[9]
Um mais nobre concedeu a Germânia, subjugado o Reno,
     e tu, César, ainda jovem, eras digno deste nome.[10]
Teu irmão mereceu, com teu pai, o triunfo sobre os Idumeus.[11]
     Mas o louro dado pelos Catos é teu por inteiro.

---

[6] Marcial parece retomar a sugestão do último epigrama do Livro I: uma obra muito extensa acaba inevitavelmente por ser má.

[7] Além de 'cortado' com água, o vinho era aquecido e coado (através de filtros ou flocos de neve, que retinham as impurezas, baixavam a temperatura e diminuíam o teor de álcool). V. XIV 103; 104; 116.

[8] Dois Cipiões mereceram o *cognomen* de *Africanus*: Públio Cornélio Cipião (*Africanus Maior*), vencedor de Aníbal em Zama, a batalha que derrotou os Cartagineses e pôs fim à 2ª Guerra Púnica (202 a.C.); Públio Cornélio Cipião Emiliano (*Africanus Minor*), neto adoptivo do primeiro, que derrotou e destruiu Cartago, após terrível cerco, em 146 a.C.

[9] Quinto Cecílio Metelo Céler, a quem se deveu a anexação de Creta ao poder romano (69-67 a.C.); por isso, recebeu o *cognomen* de *Creticus*.

[10] Em 70, com pouco mais de 18 anos, Domiciano tomou parte numa expedição contra os povos germânicos, mas só em 83, após a celebração do triunfo sobre os Catos (cf. v. 6), assumiu oficialmente o *cognomen* de *Germanicus*.

[11] Em 70, quando era imperador Vespasiano, Tito tomou e destruiu Jerusalém, em campanha que seu pai iniciara.

Livro II

3

Sexto, não deves nada a ninguém, não deves nada, Sexto,
[confesso:
só deve de verdade quem pode pagar, Sexto.

4

Oh quão meigo tu és, Amiano, para a tua mãe!
Quão meiga é para ti a tua mãe, Amiano!
Por irmão te trata e por irmã é tratada.
Porque vos dão gozo tratamentos tão equívocos?
Por que razão vos não agrada ser o que são de facto?
Pensam que isto é um jogo e uma brincadeira? Não é:
a mãe, que deseja ser uma irmã,
mãe não lhe apetece ser, nem irmã.

5

Raios me partam, Deciano, se todos os dias
e todas as noites, eu não queria estar contigo.
Mas são dois mil os passos que nos separam;
tornam-se quatro mil, quando eu regressar.
Muitas vezes não estás em casa; e, mesmo se estás, muitas
[vezes te negas,
quer apenas advogues causas, quer, amiúde, para ti guardes o
[tempo.
Para te ver, andar dois mil passos, não me pesa;
para te não ver, andar quatro mil, isso já me pesa.[12]

6

Anda lá agora, manda-me editar os epigramas.
Mal leste duas páginas,
espreitas o fim do volume, Severo,
e arrastas longos bocejos.
São estes os que, quando eu os relia, costumavas

---

[12] É este o último epigrama que Marcial dedica a Deciano. Poderá concluir-
-se que a constante indisponibilidade do patrono (vv. 5-6) causou um progressivo
cansaço por parte do poeta (vv. 7-8), o que levou a um arrefecimento das relações
entre ambos e, por fim, à ruptura.

Epigramas

copiar, depois de mos arrebatares, até das tabuinhas vitelianas.[13]
São estes os que, um a um, levavas no regaço
por todos os banquetes, pelos teatros;
são estes ou melhores, se alguns desconheces.
Que me aproveita a mim um livrinho tão magro,
que não seja mais gordo que o umbigo dum rolo,[14]
se levas três dias a lê-lo por inteiro?
Nunca se viu prazer mais preguiçoso.
Desfaleces, cansado, tão cedo, viajante,
e, quando devias correr até Bovilas,[15]
queres parar junto às Camenas?[16]
Anda lá agora, manda-me editar os epigramas.

7

Recitas lindamente, advogas causas, Átalo, lindamente;
   histórias lindas, poemas lindos tu escreves;
compões lindamente mimos,[17] compões epigramas lindamente;
   és um lindo gramático, és um lindo astrólogo,
e lindamente cantas, e danças, Átalo, lindamente;
   és lindo a tocar lira, és lindo a jogar à bola.
Conquanto nada faças bem, fazes tudo lindamente.[18]
   Queres que diga o que tu és? És uma grande seca.

---

[13] Tabuinhas finas usadas para enviar pequenas mensagens, sobretudo de carácter pessoal. V. XIV 8 e 9.

[14] V. n. a I 66, 11.

[15] Antiga cidade do Lácio, a 12 milhas de Roma.

[16] As Camenas, divindades itálicas depois identificadas com as Musas, tinham o seu templo junto a uma das saídas de Roma, a porta Capena.

[17] Composição dramática, de origem grega, mas que ganhou maior expressão em Roma. Os actores eram de ambos os sexos, não usavam máscara e, descalços, representavam sobretudo cenas do quotidiano. Com o tempo, o mimo ganhou em licenciosidade (v. n. 5 a I praef.) e perdeu em conteúdo. Assentava num enredo e personagens tipificadas (o marido, a mulher que o engana, o amante desta, a escrava conivente...). Os principais autores de mimos foram Décimo Labério e Publílio Siro (época de César), que desenvolveram o aspecto da crítica política.

[18] Jogo que assenta na paronomásia entre os advérbios bene, 'bem', e belle (que é diminutivo de bene), 'lindamente', bem como na antítese entre nil, 'nada', e omnia, 'tudo'.

Livro II

8

Se algo nestas folhas, leitor, te parecer
  ou demasiado obscuro, ou pouco latino,
não é meu o erro: foi gralha do copista,
  na pressa de coligir os versos para ti.
Pelo que, se julgares que não foi ele, mas eu a errar,
  então acreditarei que não tens inteligência alguma.
«No entanto, isto é mau.» Como se eu negasse a evidência!
  Isto é mau, mas tu melhor não fazes.

9

Eu escrevi, nada respondeu Névia: não vai dar-se, portanto.
  Mas, desconfio, o que escrevi, ela tinha lido: portanto vai
[dar-se.

10

Porque me dás beijos, Póstumo, com a metade do lábio,
  dou-te o meu louvor: embora possas ainda suprimir metade
[disso.
Queres fazer um favor ainda maior e que nem se pode contar?
  Guarda para ti inteirinha, Póstumo, essa metade.

11

Lá porque vês Sélio de cenho enevoado, Rufo,
lá porque tão tarde[19] anda errante a polir esquinas no pórtico,
lá porque o seu rosto abatido cala qualquer coisa sinistra,
lá porque o seu nariz quase toca indecentemente o chão,
lá porque bate com a direita no peito e arranca os cabelos,[20]
não chora o tipo a morte de um amigo ou de um irmão,
os dois filhos vivem e oxalá continuem a viver,
a mulher está de saúde e os bens e os escravos,
e o feitor e o caseiro em nada o defraudaram.
Qual é então a causa da tristeza? Janta em casa.[21]

---

[19] Ainda na esperança de encontrar alguém a quem consiga 'cravar' um jantar.

[20] São sinais de aflição e luto. Eram esses, nomeadamente, os gestos das carpideiras nos funerais.

[21] Este é o 1° de um conjunto de epigramas sobre o parasita 'Sélio', que havemos de surpreender em outros momentos de 'caça ao jantar' (v. II 14; 27; 69,6).

Epigramas

12

Que posso eu dizer, se os teus beijos cheiram a mirra
e se tu nunca tens senão um perfume exótico?
Isso para mim é suspeito, Póstumo, que cheires sempre bem:
Póstumo, bem não cheira quem sempre bem cheira.

13

E pede dinheiro o juiz e pede dinheiro o advogado:
Aconselho-te a pagar, Sexto, mas é ao credor.[22]

14

Sélio nada deixa de tentar, nada deixa de ousar,
    sempre que se vê obrigado a jantar em casa.
Corre ao pórtico de Europa[23] e a ti, Paulino, e aos teus
    pés de Aquiles[24] enche de louvores, e sem parar.
Se Europa nada ofereceu, dirige-se então aos Septa,[25]
    a ver se o filho de Fílira e de Éson lhe valem.
Daqui também desenganado, frequenta os templos de Mênfis[26]
    e senta-se nas tuas cadeiras, ó triste novilha;
daqui dirige-se ao tecto suspenso sobre cem colunas,[27]

---

[22] Até ao principado de Cláudio, juízes e advogados não podiam auferir remuneração pela sua actividade. Autorizados a receber recompensas, muitos exerciam pressão sobre os clientes para que os presenteassem largamente, sob pena de não darem o devido andamento aos processos. Logo, Sexto, caloteiro e sovina, poupará dinheiro se saldar a dívida que o arrasta a tribunal.

[23] O pórtico de Europa situava-se no Campo de Marte, perto dos Septa (v. 5), e era local de recreio preferido pelos Romanos.

[24] Marcial alude ao epíteto homérico 'Aquiles dos pés ligeiros', usado por Sélio para adular Paulino, quando este se exercitava na corrida.

[25] Edifício e local de passeio no campo de Marte, onde estavam as estátuas de Quíron, filho de Fílira, e de Jasão, filho de Éson. Quíron era um centauro sábio e inteligente, tutor de Jasão e Aquiles. Jasão foi o herói que chefiou os Argonautas e que, com a ajuda de Medeia, conquistou o Velo de Ouro.

[26] Alusão ao *Iseum et Serapeum*, templo a Ísis e Serápis, divindades egípcias, localizado no Campo de Marte. Ísis era venerada sob a forma de uma vaca. Desde cedo foi identificada, em Roma, com Io, filha do rei de Argos, por quem Zeus se apaixonou e que, por ciúme de Hera, foi transformada em vaca. Daí o adjectivo *maesta*, 'triste' (v. 8).

[27] O *Hacatonstylon*, no Campo de Marte, pórtico de cem colunas mandado construir por Pompeio.

Livro II

dali aos dons da generosidade de Pompeio e ao duplo
[bosque;[28]
não despreza os banhos de Fortunato e de Fausto
nem o antro tenebroso de Grilo, nem o eólico de Lupo:[29]
pois, nas termas, se lava e volta a lavar.[30]
Quando tudo tentou, mas o deus foi desfavorável,
já lavado, volta de novo aos buxos da tépida Europa,
a ver se algum amigo aí toma um caminho tardio.
Por ti, lascivo raptor, e pela tua amada,
convida tu Sélio, peço-te, ó Touro,[31] para o teu banquete.[32]

15

Lá porque, após um brinde, a ninguém ofereces teu cálice,
ages por bondade, Hormo, que não por arrogância.[33]

16

Zoilo está doente: são as colchas que provocam esta febre.
Se estivesse são, as cobertas de escarlata para que serviam?
Para quê o leito importado do Nilo, para quê a tintura
[perfumada de Sídon?[34]
Então não é doença ostentar riquezas tolas?
Para que precisas dos médicos? Manda embora todos os
[Macáones.[35]

---

[28] O teatro de Pompeio, junto ao pórtico referido, e os bosques adjacentes.

[29] Banhos miseráveis, já mencionados depreciativamente em I 59, 3 (*tenebrosa balnea*). Os geridos por Grilo são cheios de *tenebrae*, soturnos, sem nenhuma luz ou iluminação. Os de Lupo são 'eólicos', porque atravessados por Éolo, o senhor dos ventos, isto é, cheios de correntes de ar.

[30] Trata-se agora de banhos públicos: as termas de Agripa, Nero e Tito (v. *Spect*. 2, 7).

[31] Se Júpiter convidar Sélio para jantar, tal significa que ele morrerá e os deixa de vez em paz.

[32] Sobre o pórtico de Europa estava um fresco que representava o rapto da donzela por Júpiter, disfarçado de touro.

[33] Tendo em conta que se bebia pelo mesmo copo, Hormo devia ser uma pessoa de mau hálito, ou dado a actividades sexuais inconfessáveis.

[34] A púrpura, de cheiro intenso e elevadíssimo preço.

[35] Macáon era filho de Esculápio, deus da medicina, e médico dos Gregos no cerco de Tróia.

Epigramas

Queres tornar-te são? Pega lá as minhas colchas.[36]

17

Uma cabeleireira está sentada logo à entrada da Suburra,[37]
onde pendem, sangrentos, os chicotes dos carrascos[38]
e onde numerosos sapateiros se estendem até ao Argileto.
Mas esta cabeleireira, Amiano, não corta cabelo.
Não corta cabelo, digo eu. Que faz então? Esfola[39].

18

Faço-me, com que vergonha, mas faço-me, Máximo, ao teu
[jantar;
  tu fazes-te a outro: portanto nisto já somos iguais.
De manhã venho para te saudar, dizem-me que tu saíste
  já antes para saudar: portanto nisto já somos iguais.
Sou eu próprio do teu séquito e marcho à frente de um soberbo
[rei,
  tu és do séquito de outro:[40] portanto nisto já somos iguais.
Já basta ser servo, não quero agora ser servo de um servo![41]
  Quem é rei, Máximo, que não tenha rei.[42]

---

[36] Que são pobres e gastas. Zoilo não terá assim que inventar o pretexto da doença para exibir as suas riquezas e luxos.

[37] A Suburra era um bairro muito populoso de Roma, cheio de pequenos comerciantes e artesãos, mas também de prostitutas.

[38] Para castigo de escravos e condenados.

[39] Tentámos manter a ambiguidade presente no texto latino: *radit*. O verbo *radere* significa 'cortar a barba e o cabelo', mas também 'tosquiar', 'esfolar'. Logo, a suposta cabeleireira não 'tosquia' cabelos mas 'esfola' os clientes.

[40] Marcial enuncia três dos aspectos das relações entre *patronus* e *cliens*: o patrono assegura o sustento do seu dependente (vv. 1-2); este tem a obrigação da *salutatio* matinal (vv. 3-4) e deve acompanhar o patrono nas suas deslocações e actividades (vv. 5-6), abrindo caminho entre os transeuntes (v. 5: *anteambulo*).

[41] *Vicarius*, 'servo de um servo', é um escravo às ordens de outro escravo, ou um escravo comprado por outro escravo.

[42] Marcial revolta-se contra a pirâmide social em que todos são dependentes de alguém. Máximo é tanto como ele, logo, não o respeita nem o quer como patrono.

Livro II

19

Pensas que fico feliz, Zoilo, com um jantar?
    Feliz com um jantar, Zoilo, ainda por cima o teu?
Deve estar deitado na ladeira de Arícia[43] o conviva
    a quem o teu jantar, Zoilo, faz feliz.

20

Paulo compra poemas; recita os seus poemas Paulo.
    É que o que compras podes, por direito, chamar-lhe teu.

21

Dás beijos a uns; a outros, Póstumo, dás a mão direita.
    Perguntas: «Qual preferes? Escolhe.» Prefiro a mão.

22

Que têm vocês contra mim, ó Febo, ó nove irmãs?[44]
    Eis que a Musa brincalhona prejudica o seu poeta.[45]
Com meio lábio costumava Póstumo dar-me dantes
    os beijos: começou agora a dar-mos com os dois.

23

Não direi, nem mesmo que me supliquem,
quem é Póstumo nos meus epigramas;
não direi: então que necessidade tenho eu
de ofender estas beijocadelas,
que tão bem se podem vingar?

24

'Se a injustiça da sorte te der a desgraça de uma acusação,
    vestido de luto, ficarei junto ao réu e mais pálido do que ele;
se ela te ordenar que, condenado, deixes a terra pátria,
    pelas ondas, pelos rochedos eu irei, companheiro de exílio.'
A fortuna dá-te riquezas: são elas então dos dois?
    Dás-me a minha parte? 'É muito.' Cândido, dás-me alguma
                                                    [coisa?

---

[43] Rua onde se aglomeravam os mendigos.
[44] V. n. a I 70, 15.
[45] A 'Musa brincalhona' é Talia, a que presidia à comédia.

Epigramas

Comigo estarás, portanto, na desgraça: porque se um deus, com
[rosto benigno,
te favorecer, Cândido, serás feliz sozinho.[46]

25
Nunca te dás, prometes sempre, Gala, a quem te pede.
Se andas sempre a iludir, peço-te agora, Gala, diz que não.[47]

26
Lá por respirar com ânsia, lá por Névia tossir asperamente,
e lançar amiúde escarros no teu peito,
tu crês, Bitínico, que tens o negócio no papo?
Enganas-te: Névia só te seduz, não morre.[48]

27
A Sélio, adulador, quando lança as redes ao jantar,
escuta-o, quer recites, quer advogues causas:
'Perfeito! De peso! Nem mais! Malicioso! Bravo! Muito bem!
Era isso que eu queria!'. 'Já tens o jantar no papo, vê se te calas'

28
Ri-te lá à vontade, Sextilo, de quem maricas
te chama e espeta-lhe o dedo médio.[49]
Mas tu não vais por trás, Sextilo, nem pela frente,
e a boca ardente de Vetustina[50] não te agrada.

---

[46] Cândido promete ao poeta o que só os familiares e amigos muito próximos fariam: apoiá-lo nos momentos difíceis, como um processo ou condenação, acompanhá-lo no exílio (vv. 1-4). Isto é: partilhar os infortúnios. Mas não está disposto a dividir o que quer que seja se a sorte lhe bater à porta a ele...

[47] O que, já que ela faz sempre o contrário do que diz, significará entregar-se ao poeta.

[48] Névia finge-se gravemente doente para beneficiar das atenções, ainda que interesseiras, de Bitínico. No que prova que é mais sabida que o 'esperto' caçador de heranças.

[49] O *digitus impudicus* ou *infamis*.

[50] O nome tem na base o adjectivo *uetus*, 'velho'. Vetustina é uma prostituta antediluviana.

Livro II

Não és nada disso, confesso, Sextilo. Que és então?
Não sei, mas tu sabes que sobram duas coisas.[51]

29

Rufo, vês aquele tipo alapado na primeira fila,[52]
de quem até daqui brilha a mão cheia de sardónicas,
cujo manto se embebeu várias vezes da púrpura de Tiro,
e a toga foi preparada para vencer as imaculadas neves,[53]
cuja farta cabeleira enche de perfume o teatro de Marcelo,[54]
e os polidos braços alvejam depilados,[55]
e uma fivela nova se apoia sobre o sapato ornado de lúnula,[56]
e um couro escarlate lhe orna, sem magoar, o pé,
e numerosos sinais[57] lhe cobrem a fronte brilhante.
Não sabes o que é? Tira os sinais. Lerás.[58]

30

Pedia eu, por acaso, emprestados vinte mil sestércios,
o que até para quem os desse não era pesada oferta,
porquanto os pedia a um fiel e velho amigo,
com o cofre a abarrotar de riquezas a granel.

---

[51] As duas práticas sexuais sobre as quais recaía o opróbrio maior: a homossexualidade passiva e a *fellatio*.

[52] Reservada aos senadores.

[53] A toga devia apresentar-se irrepreensivelmente branca. A tarefa da lavagem da toga cabia aos *fullones*: primeiro mergulhavam-na numa mistura de água e urina, depois secavam-na e branqueavam-na com fumigações de enxofre, por fim cardavam-na e prensavam-na.

[54] Edifício cuja construção foi iniciada por Júlio César e terminada por Augusto, que o consagrou com o nome de Marcelo, seu sobrinho, genro e herdeiro indigitado, precocemente desaparecido aos 19 anos.

[55] Os elegantes (e efeminados) da época depilavam o corpo e o rosto, quer com pinças, quer com pedra-pomes, quer ainda com uma pasta de variados e repelentes elementos, que fazia as vezes de cera depilatória.

[56] Mais uma marca da sua pretensa dignidade de senador. V. n. a I 49, 31.

[57] Os *splenia* eram sinais postiços que se usavam para disfarçar cicatrizes ou imperfeições do rosto.

[58] Era um escravo que dissimulava as marcas do ferro em brasa com que se puniam os servos fugitivos ou ladrões. No rosto daqueles escreviam-se a fogo as letras *FVG* (iniciais de *fugitiuus*), no destes a palavra *FVR* (ladrão).

Epigramas

«Serias rico, se advogasses causas»[59] me disse ele.
Dá-me o que te peço, Gaio: não te peço um conselho.

31

Muitas vezes eu fodi a Crestina. Queres saber como é ela na
                                                    [cama?
Superior, Mariano, a tudo o que se pode imaginar.

32

Tenho um litígio com Balbo; tu a Balbo não queres ofender,
    Pôntico: outro com Lícino; também este é um tipo importante.
O meu vizinho Pátrobas assola o meu pequeno campo:
    tu tens medo de atacar um liberto de César.[60]
Larónia diz que não é meu, e retém o meu escravo.
    Respondes «não tem filhos, é rica, é velha, é viúva.»[61]
Ninguém, vai por mim, é bem servido por um amigo que é um
                                                    [servo:
    seja livre quem meu patrono quiser ser.[62]

33

Porque te não beijo, Filene? És calva.
Porque te não beijo, Filene? És ruiva.
Porque te não beijo, Filene? És zarolha.
Quem beija uma coisa destas, Filene, faz um broche.

34

Pois que te agrada Fíleros, que tu compraste com o dote inteiro,
    deixas que os teus três filhos, Gala, morram à fome.
Tão indulgente és para com a tua encanecida rata,
    à qual, nem um casto amor pode já ser decente.

---

[59] Sobre os rendimentos dos advogados, bem mais chorudos que os dos poetas, v. I 76, em que ao A. pareceu bem dar o conselho que agora despreza...

[60] Os libertos do imperador tinham grande influência. Bastará lembrar os *ministri* de Cláudio, como Narciso e Palante, fabulosamente ricos e que, na prática, tinham mais poder que o *princeps*.

[61] Pôntico, patrono de Marcial, tem o dever de o defender em justiça. Mas não o faz porque não pretende indispor contra ele os poderosos (vv. 1-4), nem perder eventuais heranças (vv. 5-6).

[62] Cf. II 18, 7-8.

Livro II

Os deuses te tornem, para sempre, amante de Fíleros,
ó mãe malvada: nem Pôncia é pior do que tu.[63]

35

Já que as tuas pernas se assemelham aos cornos da lua,
bem poderias, Febo, lavar os pés num rício.[64]

36

Não te quereria penteado, nem de cabelos desgrenhados;
não quero que a tua pele seja resplendente, não a quero
[sebenta;
nem que tenhas a barba dos que usam mitra, nem dos réus:[65]
não te quero muito macho, Pânico, não te quero pouco.
Ora, nas pernas tens pêlos e no peito tens cerdas
eriçadas. Mas tens a mente, Pânico, depilada.[66]

37

Varres o que quer que seja servido, daqui e dali,
tetas de porca e lombo de porco,
galinha-brava para dois,
meio salmonete e um robalo inteiro,
filete de moreia e coxas de frango,
pombo a escorrer com guarnição.
Tudo isto, embrulhado num guardanapo[67] húmido,
é passado ao teu escravo[68] para levar para casa;

---

[63] Mulher célebre por ter envenenado os seus filhos.

[64] Corno para beber.

[65] A mitra era um barrete usado pelos frígios e outros povos orientais, que os Romanos consideravam demasiado preocupados com a aparência física, de gostos e usos efeminados. Logo, Marcial quer dizer: 'dos que põem mil cuidados no tratamento da barba'. Os réus deixavam crescer a barba em sinal de aflição e para impressionar os juízes.

[66] 'Por fora, cordas de viola. Por dentro, pão bolorento'. Sobre a depilação dos homens, v. n. a II 29, 6.

[67] O guardanapo (*mappa*) era trazido de casa pelos convidados (v. XII 28). Durante a refeição servia para os fins óbvios: proteger a roupa e limpar boca e mãos. Muitos usavam-no depois como 'embrulho' para levar os restos de comida para casa, prática que Marcial parece considerar falta de etiqueta (v. VII 20).

[68] Um ou mais escravos acompanhavam o senhor quando ele jantava fora. Ajudavam-no a envergar a *synthesis* e as *soleae*, a túnica e as sandálias apropriadas

Epigramas

e nós todos, deitados à mesa,[69] impávidos a olhar!
Se tens alguma vergonha na cara, devolve o jantar:
não foi para amanhã, Ceciliano, que eu te convidei.

38

Perguntas quanto me rende, Lino, o campo de Nomento?
Rende-me isto o campo: é que não te vejo, Lino.

39

Ofereces vestidos escarlates e violetas a uma adúltera de má fama.
Queres dar-lhe o que ela merece? Envia-lhe uma toga.[70]

40

Tongílio arde, incorrectamente se diz, em febre, das
[semiterçãs.[71]
Conheço a ronha do tipo: ele tem é fome e sede.
É a forma de estender agora arteiras redes aos gordos tordos,
e de lançar o anzol ao salmonete e ao robalo.
Filtrem-se os vinhos cécubos que o ano de Opímio[72] apurou,
engarrafem-se os escuros falernos no avaro vidro.
Todos os médicos prescreveram a Tongílio os banhos.[73]
Ó palermas, pensam que é febre? É só vontade de comer![74]

41

'Ri, se és esperta, ó moça, ri'
dissera, creio eu, o poeta peligno.[75]

---

para a *cena*, alumiavam-lhe o caminho de regresso, defendiam-no de assaltos, amparavam-no nos tombos da embriaguez...

[69] Os convivas comiam deitados nos *lecti* do *triclinium*, a sala de jantar. Apoiavam-se no cotovelo esquerdo e comiam com a mão direita.

[70] As mulheres apanhadas em flagrante adultério eram obrigadas a envergar uma toga pelas ruas.

[71] Acessos de febre intermitente, espaçados de dia e meio.

[72] Sobre o vinho do ano do consulado de Opímio, v. XIII 113 e n. a I 26, 8. Sobre o Cécuba, v. XIII 115.

[73] Mais um 'aceno' à incompetência dos médicos: todos se deixaram enganar pela simulada doença.

[74] Tongílio é mais um que se aproveita dos caçadores de heranças, fazendo-os pensar que está muito doente, para lhes arrecadar os mimos interesseiros.

[75] Ovídio. A passagem citada não chegou até nós. No entanto, na *Arte de*

Livro II

Mas não o dissera a todas as moças.
E ainda que o tivesse dito a todas as moças,
não o disse a ti: tu não és moça,
e são só três, Maximina, os teus dentes,
ainda por cima cor de pez e de buxo.
Por isso, se acreditas no espelho e em mim,
deves temer o riso do mesmo modo
que Espânio teme o vento e Prisco a mão,[76]
que, coberta de greda, Fabula teme a chuva,[77]
que, coberta de alvaiade, Sabela teme o sol.[78]
Tu reveste-te de um rosto mais austero
que a esposa de Príamo e a sua nora mais velha.[79]
Os mimos do hilariante Filistião
e os banquetes libertinos evita-os
e o que quer que, com espirituosa audácia,
abre os lábios num transparente riso.
Convém que te sentes junto a uma mãe amargurada
e a quem chora o marido ou um devotado irmão
e que só tenhas tempo para as Musas da tragédia.[80]
Mas sobretudo, seguindo o meu conselho,
chora, se és esperta, ó moça, chora.

42

Zoilo, porque conspurcas a banheira ao lavar o traseiro?
    Para ficar mais imunda, Zoilo, mergulha a cabeça.[81]

Amar (III 281 ss.), o poeta faz sábias recomendações sobre o uso, os recursos e a oportunidade do riso feminino, que a Maximina deste poema muito ganharia em seguir.

76 Supõe-se que são dois vaidosos: o primeiro teme que o vento lhe desgrenhe o cabelo (ou arranque a peruca) e o segundo que alguém lhe toque e lhe estrague o arranjo impecável das pregas da toga.

77 Que lhe 'lavará' a base de greda.

78 Com o rosto coberto de *cerussa*, alvaiade (v. n. a I 72, 6), que um sol mais forte derreterá.

79 Respectivamente Hécuba e Andrómaca.

80 A Musa da tragédia é Melpómene.

81 Insinuação obscena sobre as práticas sexuais de Zoilo. V. II 70.

Epigramas

43

Communauté d'amis. É esta, é esta, Cândido, a tua *communauté*
que tu com ênfase noite e dia apregoas?
Cobre-te uma toga lavada no lacedemónio Galeso[82]
ou que Parma forneceu de um rebanho escolhido;
mas à minha, nem o primeiro fantoche,[83] que sofre as fúrias
e os cornos dos touros, quereria chamar-lhe sua.
Enviou-te a terra de Cadmo lacernas[84] de Agenor:[85]
não venderás por três sestércios o meu manto escarlate.
Tu apoias as mesas líbias em pés de marfim:[86]
apoia-se a minha mesa de faia num tijolo.
Enormes salmonetes[87] te cobrem os dourados pratos
[cinzelados:[88]
tu, caranguejo, estás rubro, no meu prato da mesma cor.[89]
O teu bando de escravos podia rivalizar com o invertido de
[Ílion:[90]
mas a mim socorre-me, em vez de um ganimedes, a mão.
De tantas riquezas, ao teu velho e fiel camarada
não dás nada e dizes *Communauté d'amis* ?[91]

---

[82] Rio que desagua em Tarento, cidade de origem espartana. A lã dos rebanhos das margens deste rio era considerada de boa qualidade.

[83] V. n. a *Spect.* 11, 4 e 22, 2. O primeiro fantoche atirado às feras ficava obviamente muito mal tratado.

[84] A *lacerna* é uma capa ampla e com capuz, fechada à frente por uma *fibula*, espécie de fivela ou alfinete. Usava-se sobre a toga ou a túnica.

[85] A Fenícia era a pátria de Cadmo, filho de Agenor. Aí se produzia a púrpura que tingia as lacernas de Cândido.

[86] As mesas em madeira preciosa (sobretudo a tuia do norte de África) e com pés de marfim eram caríssimas e muito desejadas por coleccionadores, novos-ricos e gente dada a luxos. Cícero comprou uma por meio milhão de sestércios e Séneca foi acusado de não resistir a ter cerca de 500 dessas mesas, todas do mesmo tamanho e feitio. V. XIV 91.

[87] O *mullus* era peixe muito requerido em mesas requintadas.

[88] Os *chrysendeta* eram pratos em prata com incrustações ou cinzelados a ouro. V. XIV 97.

[89] A louça de barro, da cor do humilde *cammarus*, comida de pobre.

[90] Ganimedes, filho de Trós, rei de Tróia (v. n. a I 6, 1). Cândido tem, pois, um bando de *pueri delicati* para sua satisfação sexual.

[91] No original está em grego.

Livro II

44

Mal comprei ou um escravo ou uma toga novinha[92]
ou três, vê lá tu, ou quatro libras de prata,
imediatamente Sexto, aquele usurário
que conheces como meu velho camarada,
teme que eu algo lhe peça e põe-se à defesa,
e, para os seus botões, mas de modo que eu ouça, murmura:
'Devo sete mil sestércios a Secundo,
a Febo, quatro mil, onze mil a Fileto,
e não tenho um quadrante[93] no cofre.'
Que grande astúcia a do meu camarada!
É duro, Sexto, dizer que não quando se pede,
quanto mais duro antes que se peça!

45

Cortaste o teu membro, que se não endireitava, Glipto.
    Pateta, para que precisavas do ferro? Já eras eunuco.[94]

46

Como o Hibla[95] florido se sarapinta de variegadas cores,
    quando as abelhas sicânias devastam a breve primavera,
assim o teu roupeiro reluz, apertado, de lacernas[96] amontoadas,
    assim cintila o baú de inúmeras túnicas para as refeições,[97]
e as tuas roupas brancas podem vestir toda uma tribo,
    vestuário que a região da Apúlia não produziria com a lã de
                          [um rebanho.
Tu olhas, insensível, o inverno do teu amigo parcamente
                                [vestido,
— que crime! — e as frias roupas gastas ao teu lado.[98]

---

[92] A toga *pexa* é a que tem a lã felpuda, de pêlo longo, isto é, novinha em folha.

[93] O *quadrans* valia um quarto de asse.

[94] *Gallus eras. Galli* era o nome dado aos sacerdotes de Cíbele, que se castravam ritualmente.

[95] Montanha da Sicília, famosa pelo mel das suas abelhas (v. 2: 'sicânias', da Sicília). V. por ex. V 39, 3; VII 88, 8.

[96] V. n. a II 43, 7.

[97] A *synthesis* ou *uestis cenatoria*, túnica leve e de cores variadas, usada apenas nas *cenae* e durante as Saturnais (v. n. a II 85, 2 e XIV 136; 142).

[98] Acompanhando-o nas inúmeras obrigações de cliente.

Epigramas

Que te custava, ó desgraçado, roubar dois panos —
de que tens medo? — não de ti, Névolo, mas das traças?

47

Foge, te aconselho, das arteiras redes de uma afamada adúltera,
oh! tu, mais delicado, Galo, que as conchas de Citera.[99]
Confias nas nádegas? O marido não gosta de ir ao cu.
Só faz duas coisas: dá-o a chupar ou fode.

48

Um taberneiro e um talhante e um balneário,
um barbeiro e um tabuleiro e as pedrinhas[100]
e poucos, mas por mim escolhidos, os livros;
um companheiro não demasiado inculto,
um escravo crescidinho e longo tempo imberbe[101]
e, grata ao meu escravo, uma mocinha:
concede-me tudo isto, Rufo, mesmo em Butuntos,[102]
e guarda para ti as termas neronianas.[103]

49

Não quero casar com Telesina. Porquê?
É uma adúltera. Mas costuma dar-se aos rapazinhos. Então
[quero.

50

Se fazes broches e bebes água, Lésbia, não estás errada:
pela parte que precisa, Lésbia, tomas a água.

---

[99] Ilha do mar Egeu, onde Afrodite (Vénus para os Romanos) nascera e recebia culto. Aí havia o *murex*, molusco de que se extraía a púrpura.

[100] A *tabula lusoria*, tabuleiro de jogo (cf. XIV 17), e os *calculi* (XIV 18), pedrinhas que serviam como peças de jogos semelhantes ao xadrez e às damas.

[101] V. n. a I 31, 8.

[102] Localidade da Calábria, exemplo de terra pequena e enterrada no fim do mundo.

[103] Símbolo do luxo e do requinte, especialmente apreciadas pela temperatura da água no *caldarium*. V. III 25, 4; VII 34.

Livro II

51

Tens tu, muitas vezes, um só denário em todo o cofre
e este mais puído, Hilo, que o teu cu.
Mas não to receberá o pasteleiro, não o taberneiro,
mas alguém que se orgulhe do tamanho do pénis.
A infeliz barriga espreita os banquetes do cu
e enquanto aquela infeliz passa fome, este alarvemente come.

52

Sabe fazer as contas dos banhistas este Dásio.[104] Pediu
à mamalhuda Espátale o preço de três: e ela pagou.

53

Queres tornar-te livre? Mentes, Máximo, não queres.
Mas se queres tornar-te, podes consegui-lo desta forma.
Livre serás, se jantar fora, Máximo, não quiseres,
se é a uva de Veios[105] a matar a tua sede,
se és capaz de troçar da baixela de ouro do desgraçado Cina,
se és capaz de te contentar com a minha toga,
se fazes amor pelo vulgar preço de dois asses,
se és capaz de não entrar direito debaixo do teu tecto.[106]
Se tens esta força, se tens tamanha força de vontade,
podes viver mais livre que um rei parto.[107]

54

Que suspeitas, Lino, tem de ti a tua mulher
e em que parte ela te quer mais casto,
com indícios bastante claros o provou,
ao dar-te, por guarda, um castrado.
Nada mais sagaz do que ela, nem mais malicioso.

---

[104] Dásio cobra as entradas nos banhos, negócio de que é o empresário.

[105] O vinho desta região era de má qualidade.

[106] Nas casas humildes, a porta é pequena e obriga quem entra a curvar-se.

[107] Os Partos eram arrogantes e ciosos da sua independência. A expressão era de uso proverbial.

Epigramas

55

Queres, Sexto, que te corteje: eu queria ser teu amigo.
É preciso obedecer-te: já que o ordenas, serás cortejado.
Mas, se te cortejo, Sexto, não serei teu amigo.[108]

56

Entre as gentes da Líbia, a tua mulher, Galo, tem má fama,[109]
devido à feia acusação de avareza desmedida.
Mas é pura mentira o que se conta: ela não costuma
receber tudo. Que costuma então? Dar tudo.

57

Este que vêem, indolente, com passos incertos,
que, com roupas cor de ametista, abre caminho pelos Septa,[110]
a quem, nas lacernas,[111] não o vence o meu amigo Públio,
nem o próprio Cordo, o ás dos que vestem pénula,[112]
a quem segue uma turba de toga[113] e de escravos de longa
[cabeleira[114]
e uma liteira com cortinas e correias novas,
ainda agora acabou de empenhar, na banca de Clado,
o anel,[115] por uns míseros oito sestércios, para poder jantar.

---

[108] Porque é muito difícil nascer a amizade entre patrono e cliente.

[109] Galo é governador da região. Os povos queixavam-se muitas vezes dos legados que os administravam, ou porque os oneravam com impostos exorbitantes, ou porque lhes pilhavam as riquezas. Neste caso é a mulher de Galo que suscita descontentamento (e Marcial ainda revela outras faltas suas mais ocultas). *Libya* é o termo grego genérico que designa o norte de África ou mesmo todo o continente africano. Especificamente, é a região da Cirenaica.

[110] Cf. n. a II 14, 5.

[111] V. n. a II 43, 7.

[112] V. n. a I 103, 5. Sobre este *alpha paenulatorum*, v. V 26.

[113] *Grex togatus*, 'turba de toga'. O sentido primeiro de *grex* é rebanho, que é o que são todos os cidadãos (se o não fossem, não usariam toga) que prestam vassalagem a um ser indigno como aquele.

[114] São os *pueri capillati*, belos, delicados, impúberes e de longos cabelos, como Encolpo (v. I 31).

[115] O anel de ouro, símbolo da dignidade equestre.

Livro II

58

Com elegantes roupas novas,[116] ris-te, Zoilo, das minhas roupas
[puídas.
São realmente puídas, Zoilo, mas são minhas.[117]

59

'Mica'[118] me chamam: estás a ver o que sou: pequena sala de
[jantar.
De mim, repara, podes contemplar a abóbada de César.[119]
Fatiga os leitos, pede vinhos, coroa-te de rosas, unge-te com
[nardo:[120]
lembra-te da morte, é o que te ordena um deus em pessoa.[121]

60

Andas a foder, jovem Hilo, a mulher de um tribuno militar,
porquanto só tens a temer o castigo previsto para crianças.
Ai de ti! enquanto brincas, serás capado. Ainda me dizes:
«Isso não é legal.» Ah, sim?... E isso que fazes, Hilo, é
[legal?[122]

61

Quando as tuas faces floresciam de incerta penugem,
a tua perversa língua lambia os homens mesmo a meio.
Depois que a tua sinistra cabeça a repugnância dos cangalheiros
e a aversão dos infelizes carrascos passou a merecer,
usas de outro modo a boca e, tomado de desenfreada inveja,
injurias todo o nome que te vem à cabeça.

---

[116] *Pexatus pulchre*. Sobre a *toga pexa*, v. n. a II 44, 1.

[117] Porque estão pagas, ao contrário das de Zoilo.

[118] O epigrama celebra a chamada *Mica aurea*, dependência do palácio de Domiciano.

[119] Não é certo se se refere ao mausoléu de Augusto ou ao palácio dos imperadores. Deixa-se também essa incerteza na tradução.

[120] Claro eco de todos os poemas de Horácio que desenvolvem o tema do *carpe diem*.

[121] O(s) imperador(es) deificado(s), mas que afinal também morre(m).

[122] No âmbito da *censura*, Domiciano proibiu a castração de jovens e repôs em vigor a *lex Iulia de adulteriis coercendis*, que castigava, além da mulher adúltera, o seu cúmplice. Hilo está (e sabe-o) protegido pela 1ª disposição. Mas arrisca-se, infringindo a segunda.

Epigramas

Agarre-se antes ao baixo-ventre tão malfazeja língua:
é que, quando chupava, era mais pura.

62

O peito, as pernas, os braços tu depilas;
o teu membro rapado está cingido de breves pêlos;
isto dedicas, Labieno — quem o ignora? —, à tua amante.
A quem dedicas o cu, Labieno, já que o depilas?

63

Tu só tinhas, Mílico, cem mil sestércios,
que levou o resgate de Leda da Via Sacra.[123]
Mílico, é extravagância, mesmo rico, a tal preço amar.
«Não a amo» vais dizer. Isto é uma extravagância ainda
[maior.

64

Enquanto fazes ora de advogado, ora de retor,
e não decides, Lauro, o que queres ser,
passa a idade de Peleu e de Príamo e de Nestor[124]
e seria já tarde para te retirares.
Começa lá—três retores morreram num só ano—,
se tens alguma coragem, se tens algum valor na arte.
Se a escola está condenada, cá fora tudo fervilha em litígios.
Até o Mársias[125] pode tornar-se advogado.
Anda lá, deixa-te de demoras: até quando esperaremos por ti?
Enquanto hesitas sobre o que serás, ainda podes ser nada.

65

Porque é que vemos tão triste Saleiano?

---

[123] A expressão parece indicar que Mílico a comprou num mercado de escravos, na *Via sacra*, ou então que a 'tirou da vida'.

[124] Exemplos proverbiais de longevidade. Peleu é o pai de Aquiles. Príamo é o rei de Tróia, pai de Heitor. Nestor, rei de Pilo, era o mais velho dos chefes gregos na guerra de Tróia.

[125] Mársias era um sátiro, exímio tocador de flauta, que desafiou Apolo para uma competição musical. Obviamente, saiu perdedor e o deus esfolou-o vivo. Havia uma estátua sua no *Forum*, junto da qual parava muita gente do mundo das leis.

Livro II

'Não tenho razão para isso?' respondes. 'Enterrei a minha mulher'.
Oh que grande delito do destino! Oh que gravosa desgraça!
Aquela, morreu aquela rica Secundila,
que te deixou um dote de um milhão?
Oxalá tal desgraça te não tivesse acontecido, Saleiano!

66

Um só ficara mal, em todo o orbe da cabeleira,
   um só anel não estava bem seguro com um gancho vacilante.
Lálage puniu este erro com o espelho com que o descobrira
   e Plecusa tombou, ferida pela cruel cabeleira.[126]
Deixa, Lálage, de arranjar os sinistros cabelos,
   e mais nenhuma escrava te toque na malsã cabeça.
Uma salamandra[127] a marque ou uma cruel navalha a desnude
   para que a tua imagem se torne digna do espelho.

67

Por onde quer que me encontres, Póstumo, gritas
   logo, e é esta a tua primeira conversa: 'Que fazes?'
Esta pergunta, se me encontrares dez vezes em uma hora,
   tu a repetes. Não tens, julgo eu, Póstumo, nada que fazer.

68

Porque te saúdo agora pelo teu nome,
a quem antes tratava por rei e senhor,[128]
não digas que eu sou orgulhoso:
comprei o gorro da liberdade[129] por toda minha tralha.
Reis e senhores deve ter
quem de si não é senhor e deseja

---

[126] A acreditar nos testemunhos antigos, as senhoras eram muitas vezes cruéis para com as escravas encarregadas de as pentearem e maquilharem (*ornatrices*), ou quando estas involuntariamente as magoavam, ou quando não gostavam do resultado final da *toilette*. V. Juv., *Sat.* 6., 487 ss. e Ov., *A. A.* 239 ss.

[127] Acreditava-se que o contacto com uma salamandra fazia cair o cabelo.

[128] V. I 112.

[129] O *pileus*, usado pelos libertos, e que todos punham durante as Saturnais, como sinal dos dias de liberdade e festa que se viviam então (v. n. a II 85, 2).

[130] V. II 18 e 32.

Epigramas

o que os reis e senhores desejam.[130]
Se podes, Olo, não ter um servo,
também podes, Olo, não ter um rei.

69

Dizes que jantas fora, Clássico, contra vontade;
　raios me partam, Clássico, se não mentes.
Até o próprio Apício[131] adorava sair para jantar:
　se jantava em casa, ficava muito aborrecido.
Se porventura vais contra vontade, porque vais, Clássico?
　'Sou obrigado' dizes. É verdade; é obrigado também Sélio.[132]
Eis que Mélior[133] te convida, Clássico, para um jantar de
　　　　　　　　　　　　　　　　　　[arromba:
　as palavras grandiosas onde estão? Se és homem, anda, diz
　　　　　　　　　　　　　　　　　　[que não.

70

Não queres que na piscina quente[134] se lave antes de ti
quem quer que seja, Cótilo. Qual é a razão, se não esta:
para te não esquentares em águas que chuparam pénis?
Nem que te laves em primeiro lugar, não tens outra hipótese,
senão aí lavar o membro antes de lavar a cabeça.

71

Nada é mais ingénuo que tu, Ceciliano. Reparei
　que sempre que eu leio uns poucos dísticos dos meus,
logo recitas textos de Marso ou de Catulo.[135]
　Concedes-me isto, como se lesses versos inferiores,
para que, comparados, os meus agradem mais? Acredito;
　mas antes quero, Ceciliano, que leias os teus.

---

[131] *Gourmet* do tempo de Tibério, rico e excêntrico, autor de muitas receitas que constam do célebre livro de culinária *De re coquinaria*, que é, todavia, uma compilação do séc. IV. Sobre o seu fim, v. III 22.

[132] O parasita de II 11, 14 e 27, que é tão 'obrigado' como Clássico diz que é.

[133] Atédio Mélior, patrono de Marcial e Estácio, imensamente rico e influente, elegante e requintado como poucos.

[134] No *caldarium*, zona das termas onde se tomavam os banhos quentes.

[135] V. n. 2 a I *praef.*

Livro II

72

Conta-se que, no jantar de ontem, Póstumo, aconteceu
    algo que eu não desejaria — quem aprovaria tais coisas?—:
Apanhaste um estalo na cara que nem o próprio Latino
    aplica com tanto barulho nas faces vis de Panículo.[136]
E o que mais é de admirar é que o autor de tal crime
    é Cecílio, segundo o boato que corre pela cidade inteira.
Dizes que não é verdade. Queres que eu acredite? Acredito.
Mas como, Póstumo, se Cecílio tem testemunhas?

73

[Líris diz sempre que não sabe o que faz quando está bêbeda.]
    Líris quer saber o que faz? Faz o mesmo que sóbria: broches.

74

Saufeio rodeado de gente de toga, atrás e à frente,[137]
    com tal multidão qual costuma acompanhar Régulo,
depois de este enviar o réu barbeado aos altos templos,[138]
    estás a vê-lo, Materno?[139] Não tenhas inveja.
Oxalá este nunca seja o teu acompanhamento.
Estes amigos e bandos de toga
    são dos que lhe arranjam Fuficuleno e Faventino.[140]

75

Um leão habituado a suportar os chicotes do confiado domador,
    a tolerar mansamente na boca, introduzida, uma mão,

---

[136] Actores de mimos. Sobre Latino, v. n. a I 4, 5.

[137] O poder de um senhor media-se, em grande parte, pelo número de *clientes* que o seguiam. Na prática, representavam os apoiantes, por ex. no caso de uma eleição. Sobre os que acompanham Saufeio e usam toga, v. n. a II 57, 5. Aqui, são chamados *greges togatorum* (v. 6).

[138] Sobre Régulo, v. n. a I 12, 8. A comparação reverte em elogio do advogado, que ganha sempre as causas. É o que se sugere pelo número dos que o acompanham a casa (clientes, familiares e amigos do réu absolvido) e pela referência ao réu ilibado que, após cortar a barba que deixara crescer em sinal de aflição (v. n. a II 36, 3), a consagrava aos deuses, a quem dava graças.

[139] Sobre Materno, v. n. a I 96, 2.

[140] Provavelmente nomes de usurários. Saufeio vai-se empenhando para manter as aparências de grandeza e poder.

Epigramas

desaprendeu a mansidão, recaindo de súbito numa ferocidade
  tal que nem existe nas montanhas da Líbia.
A dois corpos infantis da tenra turba
  que recompunha com ancinhos o chão ensanguentado,[141]
cruel e impiedoso, assassinou-os com uma dentada furiosa.
  Nunca a arena de Marte[142] viu maior impiedade.
Apetece gritar: «Cruel, pérfido, salteador,
  aprende da nossa loba[143] a poupar as crianças!»

76

Cinco libras de prata te deixou Mário;
  tu nada lhe davas: ele deu-te tanga.[144]

77

Coscónio, que julgas longos os meus epigramas,
  podes ser bom é para untar eixos.[145]
Com esta teoria, julgarias grande de mais o Colosso[146]
  e dirias que o menino de Bruto é pequeno.[147]
Aprende o que não sabes: Marso e o douto Pedão[148]
  tratam amiúde, em duas páginas, um só tema.
Não são longos os epigramas que nada têm que se possa cortar,
  mas tu, Coscónio, fazes dísticos que são longos.[149]

---

[141] São os encarregados de, após um combate, revolver e renovar a areia do anfiteatro, para apagar as marcas do sangue derramado.

[142] V. n. a I 3, 4.

[143] A loba que amamentou os gémeos Rómulo e Remo, que encontrou abandonados na margem do Tibre.

[144] Mário enganou-o, deixando-lhe uma parca herança.

[145] Parece ser expressão proverbial que significa 'bom para nada' ou 'de cérebro tão gorduroso (= estúpido)' que só pode mesmo é olear os eixos dos carros.

[146] V. n. a *Spect.* 2, 1.

[147] Referência a uma estátua, em miniatura, de uma criança, esculpida por Estrongílion e muito admirada por Bruto.

[148] V. n. 2 a I *praef.*

[149] Porque não prestam.

Livro II

78

Perguntas onde hás-de guardar o peixe no tempo quente.
Guarda-o, Ceciliano, nas tuas termas.[150]

79

Convidas-me só na altura em que sabes, Nasica, que tenho
[convidados.
Peço-te que me desculpes: janto em casa.

80

Ao fugir do inimigo, Fânio[151] matou-se a si próprio.
Isto, pergunto eu, não é uma loucura: para não morrer,
[morrer?

81

Poderá a tua liteira ser maior que uma de seis carregadores.
Porém, já que é tua, Zoilo, não passa de um esquife.[152]

82

Porque crucificas um escravo, Pôntico, com a língua cortada?
Não sabes tu que o que ele cala, o conta o povo?[153]

83

Desfiguraste, ó marido, um desgraçado adúltero,
e a si próprio, tal como fora antes, se procura
o rosto privado de nariz e de orelhas.
Julgas-te suficientemente vingado?
Enganas-te: ele pode ainda dá-lo a chupar.[154]

---

[150] Seria proprietário de umas termas geladas.

[151] Tratar-se-á de Fânio Cepião, que conspirou contra Augusto e se suicidou para não enfrentar a pena.

[152] *Sandapila*, 'esquife', para enterrar pobres e malfeitores executados.

[153] Isto é: de nada lhe servirá ter silenciado a testemunha dos seus actos indignos, pois estes são do conhecimento público.

[154] O marido tinha o direito (e, desde Augusto, o dever) de castigar a mulher adúltera e o seu cúmplice. Ora, o marido aqui invectivado mutilou o amante da mulher, mas não o deixou incapaz de continuar a relação adúltera. V. III 85.

Epigramas

84

Era efeminado e dado aos homens o herói filho de Peias;[155]
assim se diz que vingou Vénus as feridas de Páris.[156]
A razão por que é um lambe-conas o Siciliano Sertório é esta:
parece que por este foi morto, Rufo, outro Érix.[157]

85

Uma garrafa, de ligeiro vime vestida, para guardar, gelada, água
[fervida[158]
te darei de presente no tempo de Saturno.[159]
Se dos presentes de verão, que no mês de dezembro te enviei,
te queixas, manda-me tu uma toga fina.

86

Porque me não gabo de poemas para ler nos dois sentidos,[160]
nem leio da frente para trás o amaricado Sótades,[161]

---

[155] Filoctetes.

[156] Filoctetes matou Páris, que Vénus protegia desde que ele lhe dera o prémio de beleza, no célebre 'Juízo de Páris', desfeiteando Juno e Minerva. Vénus vingou a morte de Páris tornando Filoctetes homossexual.

[157] Filho de Vénus, rei da Sicília, foi morto por Hércules. Assim, o vício de Sertório derivaria de uma nova vingança de Vénus contra o assassino de um outro filho seu.

[158] Vasilha que servia para guardar a água fervida (*coctae*) e gelada (*niueae*) que se juntava ao vinho depois de aquecido. Por isso faz sentido que seja um presente próprio do Verão. V. XIV 116, onde se refere precisamente a *lagona niuaria* para guardar *decoctae frigus aquae,* 'o frio de uma água fervida'.

[159] As Saturnais, festa celebrada entre 17 e 23 de Dezembro, dias durante os quais se 'invertia' a ordem do resto do ano. Os escravos não tinham obrigações para cumprir, comiam à mesa dos senhores e por eles servidos, podiam ser insolentes e criticá-los, não podiam ser castigados. Os dias passavam-se a comer e beber, todo o tipo de jogos era permitido, usava-se a *synthesis* (v. n. a II 46, 4) em vez da toga, e o *pileus* (v. n. a II 68, 4). Além disso, trocavam-se presentes. Este epigrama acompanha um desses presentes e Marcial sugere habilmente que, em troca, o amigo lhe envie uma toga, ainda que seja das mais fininhas.

[160] Versos (*supinum carmen*) que se podem ler tanto da esquerda para a direita como da direita para a esquerda (p. ex.: *Roma tibi subito motibus ibit amor*).

[161] Poeta alexandrino (séc. III a.C.), cuja obra dava ênfase à obscenidade e à crítica dos poderosos. Inventou um tipo de versos que, lidos em sentido contrário, revelavam um significado obsceno.

Livro II

nunca uso a futilidade grega que o eco repete,[162]
nem o elegante Átis me dita
o galiambo de débil delicadeza,[163]
nem por isso, Clássico, sou um mau poeta.[164]
O que seria se, pelas estreitas vias do trampolim,
obrigasses Ladas[165] a subir contra a vontade?
É indecente tornar as bagatelas complicadas
e é tolo o esforço com frivolidades.
Que Palémon escreva poemas para os círculos literários:[166]
a mim, dá-me gozo deleitar raros ouvidos.

87
Dizes que ardem de amor por ti belas donzelas,
   tu que tens uma cara, Sexto, de quem nada debaixo de água.

88
Nada recitas e queres, Mamerco, parecer poeta.
   Sê lá o que quiseres, desde que nada recites.

89
Se gostas de alongar a noite com vinho em demasia,
   perdoo-te: tens, Gauro, o vício de Catão.[167]
Se escreves poemas sem Musas e sem Apolo,
   deves ser louvado: tens o vício de Cícero.[168]

---

[162] Os versos *echoici*, em que havia o que hoje entendemos por 'rima interna' (dois ou mais vocábulos do verso em homeoteleuto).

[163] Verso de seis pés, usado pelos sacerdotes de Cíbele (os *Galli*, castrados: v. n. a II 45, 2) no canto ritual que entoavam sobre a deusa e Átis (cf. v. 4), o jovem que ela amou. Foi esse o metro do célebre poema 63 de Catulo, sobre Átis.

[164] Marcial recusa todos os tipos rebuscados e engenhosos de poesia que ganhavam, na época, o favor dos literatos de profissão (v. 11: 'círculos literários').

[165] Corredor célebre.

[166] O gramático Rémio Palémon (séc. I d.C.), que escrevia poemas em metros raros e difíceis. Foi professor de Pérsio e Quintiliano, e autor da primeira *ars grammatica* latina de que temos notícia.

[167] Catão de Útica.

[168] Cícero, o grande orador, teve também veleidades poéticas, muito criticadas e postas a ridículo desde a antiguidade.

Epigramas

Se vomitas, o de António;[169] se te empanturras, o de Apício.[170]
Se fazes broches, diz-me lá de quem é este vício que tu tens.

90

Quintiliano,[171] supremo educador da juventude errante,
  ó glória, Quintiliano, da toga romana,
se, pobre e não em vão, me apresso a viver os anos,
  dá-me o teu perdão: a viver ninguém se apressa o bastante.
Adia a vida quem deseja exceder a riqueza paterna
  e desmedidos, lhe atulham os átrios, os retratos.[172]
A mim, uma lareira e um tecto, que não desdenhe os negros
                                                    [fumos,
  me basta, e uma fonte a correr e uma relva por tratar.
Tenha eu um escravo bem nutrido, tenha uma mulher pouco
                                                    [erudita,
  tenha a noite com sono, tenha os dias sem querelas.

91

Ó salvação certa do estado, glória das nações, César,
  cuja salvaguarda nos atesta a existência dos deuses,
se, coligidos tantas vezes em apressados livrinhos,
  meus poemas detiveram os teus olhos,
o que a fortuna proíbe que aconteça, permite que pareça:[173]

---

[169] Marco António. Cícero, nas *Filípicas*, mostra-o coberto de defeitos inomináveis, entre os quais o excessivo apreço pelo vinho.

[170] V. n. a II 69, 3.

[171] Marco Fábio Quintiliano (c. 35 - dp. 95), natural de *Calagurris*, na Hispânia, orador, advogado, educador, autor da *Institutio oratoria*, obra que foi fruto da sua experiência como mestre de retórica, e que se ocupa da educação do orador, desde a infância até ao perfeito domínio da *ars*. Foi professor de Plínio-o-Jovem e preceptor dos dois filhos adoptivos (e indigitados herdeiros) de Domiciano.

[172] São as *imagines*, as máscaras de cera dos antepassados ilustres, que se guardavam em *armaria*, nos átrios das casas. As grandes famílias possuíam o *ius imaginum*, o direito de, nos funerais de cada um dos seus membros, fazerem desfilar actores contratados para representar esses antepassados, usando a máscara, os trajos e as insígnias das magistraturas que eles haviam ocupado.

[173] Procurámos reproduzir a rima do original: *fieri ... uideri.*

Livro II

para que se julgue que sou pai de três filhos.[174]
Tal favor, se desagradei, seria uma consolação para mim;
Tal favor seria para mim o prémio, se agradei.

92

O direito dos três filhos, a mim que o pedia,
mo concedeu, como recompensa das minhas Musas,
o único que para tal tinha poder.[175] Passa bem, minha mulher![176]
Não se deve deitar a perder a oferta do senhor.

93

«O primeiro onde está» dizes tu, «já que este livro é o
[segundo?»[177]
Que hei-de fazer, se o outro é mais envergonhado?
Mas se preferes transformar este, Régulo,[178] no primeiro,
podes tirar-lhe do título um iota (I).

---

[174] Trata-se do *ius trium liberorum*, que era acompanhado de determinadas regalias. Foi concedido a Marcial por Tito (v. introdução) e confirmado por Domiciano. É dessa ratificação que o poeta aqui fala.

[175] Domiciano, a quem, como acontecia sempre que o imperador mudava, cabia ratificar ou revogar as decisões do *princeps* anterior.

[176] É este o verso que mais tem alimentado a polémica sobre se Marcial foi ou não casado. De facto, nada aponta para que o tenha sido. Este epigrama é o 'contraponto' jocoso do anterior, sério porque dirigido a Domiciano. Marcial despede-se da mulher que nunca terá, porque já não precisa de gerar filhos legítimos para ter as regalias do *ius trium liberorum* (v. 4).

[177] Este verso tem apoiado a teoria de que os livros I e II foram publicados em conjunto, ou de que houve uma 2ª edição que os juntava. Isso justificaria os vv. 3-4 e a estranheza de Régulo (v. 1). Mas a explicação parece ser bem mais simples: o livro I, por ser o primeiro, não teria marcado o seu número de ordem (cf. v. 2). Só a partir de um segundo livro faz sentido marcar a sequência. De qualquer forma, este epigrama prova que Marcial considerava os seus livros anteriores (*De spectaculis, Xenia, Apophoreta*) como recolhas de carácter diferente da sua verdadeira obra, os *Epigramas*.

[178] V. n. a I 12, 8.

LIVRO III

1

Este livro, qualquer que seja o seu valor, te envia, de longínquas
[plagas,
a Gália de nome oriundo da toga romana.[1]
Vais lê-lo e louvar talvez o livro precedente:
qualquer que seja a tua preferência, um e outro são meus.
Concordo que te agrade mais o livro que nasceu na cidade rainha:
deve, com efeito, vencer um livro gaulês, o pátrio.

2

A quem queres que te dedique, meu livrinho?
Apressa-te a arranjar para ti um protector,
não aconteça que, arrebatado logo para a sombria cozinha,
atuns vás embrulhar com húmida folha
ou de incenso ou de pimenta sejas o cartucho.[2]
Foges para o regaço de Faustino? Miolo não te falta.
Agora podes passear untado de cedro
e, exibindo o duplo enfeite do frontispício,
pavonear a exuberância dos cilindros coloridos;

---

[1] A *Gallia togata* abrangia a parte meridional da Gália Cisalpina, por oposição
à *Gallia Narbonensis*, cuja antiga denominação era a de *Gallia bracata*. O
presente livro de Marcial foi escrito em 87 d. C., em *Forum Cornelii* (mod.
Ímola), cidade de Gália Cispadana fundada por Cornélio Sula.

[2] Era esse o destino do papiro ou pergaminho que já não tinha utilidade:
papel de embrulho nas mais simples quitandas.

Epigramas

e deixar que a púrpura fina te revista,
e de escarlate enrubesça o título orgulhoso.[3]
Com tal protector nem a Probo[4] precisas de temer.

3

[Um formoso rosto com negro creme vais tapando,
  mas, com não formoso corpo, as águas tu ultrajas.
É a própria deusa, podes crer, que, pela minha boca, te diz:
  'Ou mostras a cara, ou toma banho coberta com a túnica.'][5]

4

Vai a Roma, livro meu: se, de onde vieste, alguém o perguntar,
  da região, dirás, que atravessa a via Emília;[6]
se, em que terras, em que cidade estamos, indagar,
  podes dizer que estou no Foro de Cornélio.
Porque me ausentei, se alguém te perguntar, faz, em breves
                         [palavras, uma longa confissão:
  'Não podia suportar os enjoos da toga vã.'[7]
'Quando volta?' hão-de inquirir; e tu responde: 'Poeta
  partiu: voltará, quando for citaredo.'[8]

---

[3] Os vv. 7-11 descrevem o modo como se formava o *uolumen*. Assim, e acompanhando o poema, no final do papiro ou do pergaminho, colocava-se um cilindro que podia ser de madeira ou de osso (*umbilicus* ou *cornu*). Ocasionalmente, também se colocava outro *umbilicus* ou *cornu* no princípio do pergaminho ou do papiro. Segundo Giuseppe Norcio, é este o caso do *uolumen* de Marcial. Os cilindros eram geralmente pintados de cores vivas (*pictis umbilicis*) e as extremidades (*umbilici*), de preto, ou eram ornadas de discos de marfim (*cornua*). A pedra-pomes polia as margens superior e inferior do rolo (*frontis gemino decens honore*). O verso era untado com óleo de cedro, para se tornar impermeável à humidade e à traça. Atava-se uma etiqueta (*index* ou *titulus*) em pergaminho, com o nome do autor e o título da obra a escarlate (*cocco rubeat superbus index*), ao rolo, que, depois de envolto em pergaminho cor de púrpura ou amarelo dourado, ficava pronto para se enviar ao editor.

[4] Marco Valério Probo, natural de Berito (mod. Beirute), cidade fenícia, era um gramático e editor rigoroso do séc. I d. C.

[5] Os parênteses rectos indicam a autenticidade duvidosa do poema.

[6] A via Emília estendia-se de Arímino (mod. Rimini) a Placência (mod. Piacenza).

[7] Alude Marcial aos pesados e pouco lucrativos (*uanae*) deveres inerentes à sua condição de *cliens*.

[8] Os músicos auferiam melhores recompensas que os poetas.

Livro III

5

Queres ser recomendado, tu que, sem mim, te preparas para correr
[para a cidade,
ó meu livrinho, a muita gente? Acaso uma pessoa não será
[suficiente?
Uma será, acredita em mim, suficiente. Para ela não serás um
[forasteiro:
<falo de> Júlio, nome tantas vezes presente na minha boca.
Deves ir logo procurá-lo no início da via Coberta: [9]
a casa que Dáfnis ocupava, ocupa-a ele agora.
Tem uma esposa, que nas mãos e no regaço te
acolherá, ainda que chegues coberto de pó.
Quer te apresentes aos dois simultaneamente, quer primeiro a um,
depois a outro, dirás o seguinte: 'É Marco[10] que lhes envia
[saudações',
e basta. Os outros podem recorrer a cartas de recomendação.
[Engana-se
quem julga que é necessário ser recomendado aos seus amigos.

6

Cumpre-se para ti, Marcelino, o terceiro dia
após os Idos[11] de Maio. Uma data que com dupla cerimónia
[deve ser celebrada:[12]
este é o primeiro dia em que os astros nascem para teu pai,
este dia colhe a primeira barba de tuas faces.
Embora lhe tenha dado o grande dom de uma vida feliz,
jamais aquele dia proporcionou maior alegria a teu pai.

---

[9] Trata-se de Júlio Marcial (v. I 15, 1). A via Coberta ligava a via Flamínia ao Tibre nas proximidades do mausoléu de Augusto. O nome advém certamente dos inúmeros arcos dos seus lados. Dáfnis é desconhecido.

[10] É o *praenomen* do poeta (v. introdução).

[11] Os Idos são uma das três datas fixas nos meses romanos: as Calendas eram no dia 1, as Nonas a 5 ou 7 (em Março, Maio, Julho e Outubro), os Idos a 13 ou 15 (nos mesmos quatro meses atrás referidos).

[12] A 18 de Maio nascera o pai de Marcelino, talvez Faustino (v. VI 25, VII 80, IX 45), e o rapaz despira a *praetexta* (toga branca, bordada com banda de púrpura, usada pelos jovens até aos 16 anos e pelos magistrados nas cerimónias públicas) e envergara a *toga uirilis*, ao fazer 17 anos. Este ritual era acompanhado do corte da primeira barba, que era ofertada a uma divindade. Por exemplo, Nero ofereceu a sua a Júpiter Capitolino (Suetónio, *Nero* 12).

Epigramas

7

Agora adeus, cem míseros quadrantes,[13]
gratificação de um batedor desfalecido,[14]
e que distribuía um banheiro assaz suado.[15]
Que pensam, amigos meus de fome?
Recuaram as espórtulas de um patrono soberbo.[16]
«Deixemo-nos de cantigas: é preciso dar imediatamente um
[salário.»[17]

8

'Quinto ama Taís.' 'Qual Taís?' 'Taís, a zarolha.'
Taís não tem um olho, ele não tem os dois.

9

Cina tem a fama de escrever versinhos[18] contra mim.
Não escreve, quem não há uma alma que leia os seus poemas.

---

[13] Na época de Nero, a *sportula*, que, de algum modo, poderia corresponder, nos dias de hoje, a uma gorjeta que o patrono dava ao cliente todas as manhãs ou todas as tardes, foi substituída pelo salário miserável de cem quadrantes. O quadrante era a quarta parte de um asse e valia três onças.

[14] O 'batedor desfalecido' (*anteambulo lassus*) é o *cliens* que se esfalfa a abrir caminho entre a gente que enche as ruas, para que o *patronus* possa passar em segurança e sem incómodos.

[15] Parece que, consoante os patronos, a *sportula* era distribuída de manhã, aquando da *salutatio*, ou à tarde, após o banho, como é o caso aqui referido: o *balneator*, 'banheiro', é o escravo que cuida do banho do senhor e que, logo em seguida, procede à distribuição da *sportula*, ainda suado da anterior tarefa.

[16] O odiado Nero, dito *rex superbus*.

[17] Domiciano aboliu a *sportula* em dinheiro, e substituiu-a pela obrigação de o patrono servir uma refeição (*cena*) aos seus *clientes*, numa tentativa de recuperar o modo da primitiva *sportula* (cestinho contendo géneros para o sustento diário). Tal medida provocou grande oposição (de que Marcial se faz eco), quer por parte dos patronos (era complicado ter tanta gente em casa para o jantar...), quer por parte dos *clientes* (que só podiam comer uma *cena* por dia e ficavam sem dinheiro para fazer face às outras despesas). Rapidamente a determinação foi revogada ou caiu no esquecimento, e voltou-se à distribuição em dinheiro.

[18] Diminutivo pejorativo (*uersiculos*).

Livro III

10

Destinava, Filomuso, teu pai para ti dois mil sestércios
de mesada e dava-te aquela soma dia atrás de dia,
porque aos excessos sobrevinha, no dia seguinte, a penúria
e teus vícios necessitavam da ração diária.
Mas o tipo, ao morrer, herdeiro até à última mealha te constituiu.
Deserdou-te, Filomuso, o teu pai.[19]

11

Se a tua namorada, Quinto, não é Taís nem é zarolha,
por que razão julgas que contra ti fiz esse dístico?[20]
Mas há uma certa semelhança: em vez de Laís disse Taís.
Diz-me: que semelhança existe entre Taís e Hermíone?
Tu, porém, és Quinto: mudemos o nome do amante:
se Quinto não quer, que seja Sexto a amar Taís.[21]

12

Um bom perfume deste, confesso,
aos comensais[22] ontem, mas nada de comer.
Coisa engraçada é cheirar bem e passar fome.
Quem não janta e se perfuma, Fabulo,[23]
um verdadeiro defunto me parece.

---

[19] Porque, sem o pai a controlar-lhe os gastos, Filomuso vai 'derreter' a fortuna de uma só vez.

[20] V. III 8.

[21] Embora a lição adoptada por NORCIO e por IZAAC apresente *Thaida Sextus amet*, a verdade é que a lição de SHACKLETON BAILEY apresenta *Thaida Sextus amat*. Marcial parece jogar com a ambivalência de *Quintus* e *Sextus*: podem ser *praenomina* ou numerais ordinais. Reforça ainda esta ideia o facto de Taís e Laís serem nomes gregos de cortesãs.

[22] Um dos requintes do luxo romano era perfumar o cabelo dos convidados antes da *cena*. Segundo o testemunho de Plínio, chegava a perfumar-se até a planta dos pés.

[23] Observa NORCIO a proximidade fonética entre Fabulo e Catulo. Efectivamente, este poema pode ser uma paródia do *carmen* 13 de Catulo. Aqui, o sujeito poético convida um tal Fabulo para jantar. Mas o convidado deve trazer os alimentos, a bela rapariga, o vinho e a boa disposição para o festim. O sujeito poético promete-lhe, em troca, um perfume que, quando o convidado o cheirar, pedirá aos deuses que todo o tornem nariz. NORCIO vê no v. 5 do poema marcialino uma alusão ao hábito de perfumar os cadáveres.

Epigramas

13

Como não queres trinchar os peixes, como não queres trinchar os
[frangos
e, mais do que a teu pai, Névia, respeitas o javali,
acusas e sovas o cozinheiro, como se tivesse trazido
tudo cru. Eu é que, deste jeito, jamais terei uma indigestão.[24]

14

A Roma se dirigia o faminto Túcio,
que partira da Hispânia.
Chegou-lhe no caminho a história das espórtulas:[25]
já na ponte Mílvio resolveu regressar.[26]

15

Ninguém mais do que Cordo dá dinheiro a crédito em toda a cidade.
«Mas se continua tão pobre, como é possível?» É cego o seu
[amor.[27]

16

Dás espectáculos de gladiadores, ó reizete dos sapateiros, Cerdão,[28]
e o que te fez arrecadar a sovela, o punhal rouba.
Estás bêbedo: e jamais, com efeito, farias tal coisa sóbrio,
ainda que quisesses, Cerdão, brincar com o teu coiro.
Brincaste com o teu coiro: mas, vai por mim, lembra-te
agora, Cerdão, que te deves fechar na tua própria pele.[29]

---

[24] O adjectivo *crudus* tem, no v. 4, duas acepções: no início, significa 'cru, não cozido', e, no fim, 'que digere dificilmente'. Marcial recorre assim a um jogo polissémico impossível de traduzir em português.

[25] V. III 7 e n. aos vv. 1 e 6.

[26] Atravessada a ponte Mílvio, entrava em Roma quem vinha do norte.

[27] Marcial joga com o duplo sentido de *credere*: 'confiar em' e 'emprestar dinheiro a juros'.

[28] Como forma de autopromoção social e exibição de (suposta) riqueza, gente como este sapateiro oferecia jogos, que pagava do seu bolso. *Cerdo*, aqui nome próprio (Cerdão), designa, como substantivo comum, um artesão dos mais humildes. V. III 59.

[29] Quer Marcial dizer que Cerdão se deve reduzir à sua condição social. Eram correntes, em Roma, as expressões *ludere corio suo*, 'brincar com seu próprio coiro', e *continere se intra pelliculam suam*, 'fechar-se na sua própria carapaça' (v. HORÁCIO, *Serm.* 1.6.22: *quoniam in propria non pelle quiessem,*

Livro III

17

Passeado muitas vezes em redor dos convivas à sobremesa, o pastel
[de queijo
queimava cruelmente, com a temperatura excessiva, as mãos;
mas mais se inflamava de Sabídio a gula: logo, no mesmo instante,
pôs-se a soprar, a plenos pulmões, três e quatro vezes.
O pastel, realmente, arrefeceu e os dedos pareceu que o
[suportavam,
mas ninguém lhe pôde tocar: era uma perfeita merda.

18

Iniciaste o discurso a dizer que tinhas apanhado frio na garganta.
Agora que te desculpaste, Máximo, porque declamas?

19

Junto das cem colunas,[30] mostra-se a estátua de uma ursa,
no lugar em que feras esculpidas ornam a vereda de plátanos.
Enquanto, por brincadeira, testa aquele espaço aberto,
o belo Hilas, na boca mergulhou a sua delicada mão:
uma víbora criminosa se escondera, porém, no escuro bronze
e <ali> vivia com alma mais feroz que a fera.
Não deu a criança pela cilada, senão quando, ferida pelo dente,
pereceu. Que desgraça que a ursa era fingida![31]

20

Diz-me, ó Musa, o que faz meu Cânio Rufo:[32]
acaso confia ele a páginas imortais
o relato de feitos do tempo de Cláudio,[33]
para que sejam lidas pelos homens,
ou procura imitar as poesias

'porque não tivesse descansado na sua própria casca'). O poeta retoma a primeira
em sentido literal e a segunda em sentido figurado (= 'Não vá o sapateiro além
da chinela').

[30] V. II 14, 9.

[31] Talvez a ursa fosse mais misericordiosa.

[32] V. I 61, 9.

[33] Nesse caso, Cânio entregar-se-ia à história, nomeadamente do principado
de Cláudio (41-54).

Epigramas

que falsos poetas compuseram para Nero,[34]
ou imita do impertinente Fedro[35] os λόγους ?[36]
Escreve lascivas elegias[37] ou um severo poema épico?
Ou calça, para nos horrorizar,[38] o coturno de Sófocles?[39]
Ou ainda, remansado na escola de poetas,[40]
conta gracejos temperados de sal ático?
Se daqui se apartou, bate o pórtico do templo
ou passeia, descontraído, pela avenida dos Argonautas?
Acaso se senta ou deambula, livre de acerbos cuidados,
entre os buxais, mornos após a tarde,
do pórtico de Europa,[41] ameno com o sol?
Banha-se nas termas de Agripa ou de Tito,[42]
ou no balneário do torpe Tigelino?[43]

---

[34] Segundo TÁCITO (*Ann.* 14.16), Nero publicava como seus os poemas de outros. SUETÓNIO (*Nero* 52) assegura que tais rumores não têm fundamento, pois ele próprio vira poemas escritos e muito emendados pelo punho do próprio Nero. A lição de IZAAC apresenta um ponto de interrogação no final deste verso e traduz *falsus scriptor* por 'historiador mentiroso', que atribui a Nero imerecidos louvores.

[35] Embora a hipótese levante problemas, poderá tratar-se de Fedro, o célebre fabulista do tempo de Tibério.

[36] 'Apólogos'.

[37] A elegia (que etimologicamente se associa a um 'lamento'), género literário da expressão pessoal de sentimentos, tornara-se, em fins do séc. I a. C., princípios do I d.C., com poetas como Catulo, Tibulo, Propércio e Ovídio, a composição literária por excelência que cantava o amor.

[38] Porque, como Aristóteles escreveu na *Poética*, a tragédia suscitava o terror e a piedade.

[39] O *cothurnus* era um calçado de sola alta usado pelos actores trágicos. Os actores cómicos, pelo contrário, calçavam o *soccus*, que era uma espécie de pantufa rasa. Neste contexto linguístico, como em muitos outros, o termo 'coturno' tornou-se, por sinédoque, sinónimo de tragédia. Sófocles (c. 496 - c. 406 a.C.) é, com Ésquilo e Eurípides, um dos maiores tragediógrafos gregos, autor, entre outras, das tragédias *Antígona*, *Rei Édipo*, *Electra* e *Filoctetes*.

[40] Talvez se trate de uma tertúlia literária, também chamada *Schola Octauiae* (v. IV 61,3), que se reunia no pórtico de Lívia e de Octávia.

[41] A propósito de *porticum templi*, *spatia Argonautarum* e *Europae*, ver respectivamente II 14, 7, 6 e 5. O templo referido é o de Ísis e de Serápis. A grande quantidade de obras de arte dos *spatia Argonautarum* atraía muitos visitantes.

[42] V. n. a *Spect.* 2, 7 e II 14, 13.

[43] Ofónio Tigelino, o sinistro prefeito da guarda pretoriana dos últimos anos do principado de Nero, de cujos crimes foi cúmplice, quando não instigador.

Livro III

Acaso frui a casa de campo de Tulo e de Lucano?[44]
Ou corre para a acolhedora casa de Polião,[45] que fica no quarto
[marco miliar?
Ou já partiu para a ardente Baias,[46]
e navega, preguiçoso, as águas do Lucrino?[47]
'Queres saber que faz teu Cânio? Ri-se.'[48]

21
Certo senhor proscrito foi salvo por um escravo de fronte
[marcada:[49]
não foi a vida do senhor que ele salvou, antes o odioso <que aos
[outros mereceu>.[50]

22
Sacrificaras, Apício,[51] duas vezes trezentos milhões de sestércios
[à barriga,
mas ainda te restavam dez milhões de sestércios abonados.
Oprimido pela situação que te obrigava a suportar fome e sede,
emborcaste veneno — tua suprema bebida.
Jamais cometeste, Apício, feito de maior glutonaria.

23
Como aos escravos, postados atrás de ti, todos os pratos confias,
por que razão se não dispõe, para ti, a mesa atrás das costas?[52]

---

[44] V. I 36, 1.

[45] Provavelmente o cantor referido em IV 61, 9.

[46] V. I 59, 1.

[47] V. I 62, 3.

[48] Para ajudar à possível interpretação da resposta que a Musa dá ao poeta, v. I 61, 9; I 69; III 64, 6.

[49] V. n. a II 29, 10.

[50] Marcial alude, neste poema, a um acontecimento ocorrido em 43 a.C.: um escravo salvou o senhor proscrito, Âncio Rescião, que o castigara com o ferro em brasa. Cf. MACRÓBIO 1.11 e VALÉRIO MÁXIMO 6.8.

[51] V. II 69, 3.

[52] O conviva desviava a comida para os escravos, que a levavam para a casa do senhor. V. II 37 e VII 20.

Epigramas

24

Culpado de ter roído uma vide, permanecia junto do altar, destinado
[a morrer,
certo bode, ó Baco, vítima agradável aos teus sacrifícios.
Um arúspice etrusco,[53] como ao deus a desejasse imolar,
tinha dito a um camponês, homem forte e rude,
que rapidamente cortasse, com a foicinha afiada, os testículos do
[animal,
para que o repugnante odor se afastasse daquela parte imunda.
Enquanto o fulano, curvado sobre o altar verdejante,
apertava <contra o solo>, com uma mão, o pescoço renitente
[<do bode> e retalhava <a parte> com uma faca,
eis que surge uma hérnia enorme, que indignou a divindade.
O rústico, munido do ferro, agarra-a e corta-a,
convencido de que isto prescreviam os antigos rituais de sacrifício
e de que com tais oferendas carnais se honravam os cultos
[ancestrais.
Assim, tu, que há pouco eras um arúspice etrusco, és agora um
[arúspice galo,[54]
já que, ao degolares um bode, te tornaste tu próprio um bode
[castrado.[55]

25

Se desejas temperar um banho demasiado quente,
Faustino, no qual dificilmente Juliano[56] entraria,
pede ao retor Sabineio que aí se lave:
este até as termas neronianas refrigera.[57]

---

[53] Os *haruspices* eram adivinhos etruscos que interpretavam a vontade dos deuses por meio da observação das entranhas (*exta*) dos animais sacrificados. Davam atenção ao tamanho, forma, cor e eventuais anomalias das vísceras, principalmente do fígado. Observavam e interpretavam também o aparecimento de *monstra* (por ex. seres nascidos disformes) e o raio, enquanto 'avisos' enviados pelos deuses.

[54] V. n. a II 45, 2.

[55] Como atesta AULO GÉLIO 9, 9, era costume sacrificar bodes castrados. É este o sentido de *caper*.

[56] Este homem gostava de tomar banho em água a escaldar.

[57] A propósito da temperatura elevada das águas das termas de Nero, ver VII 35, 4. A frieza dos lugares-comuns de Sabineio era tal que gelava as termas mais quentes de Roma.

Livro III

26

Tens propriedades só tuas e dinheiro, ó Cândido,[58] só teu,
   tens taças de ouro só tuas, tens vasos de mirra[59] só teus,
tens ânforas de mássico só tuas e de cécubo, do tempo de Opímio,[60]
                                                          [só tuas,
   e tens uma sabedoria só tua, e um temperamento só teu.
Tudo tens só teu — e nem te passe pela cabeça que o pretendo
                                                          [negar:
   tens, porém, uma mulher, Cândido, em comum com toda a gente.

27

Jamais retribuis os meus convites, embora venhas muitas vezes
                                              [como meu convidado:
   desculpo-te, se não convidares, Galo, mais ninguém.
Convidas outros: o erro é de nós ambos. 'E porquê?' — perguntas.
   Eu não tenho miolo e tu, Galo, não tens vergonha.

28

Admiras-te de a orelha de Mário cheirar pessimamente.
   Tu és o responsável: andas sempre, Nestor, a cochichar-lhe ao
                                                          [ouvido.[61]

29

Estas correntes com duplos grilhões te
dedica Zoilo, ó Saturno: foram seus primeiros anéis.[62]

30

Acabou-se a espórtula; é de graça que, <como> conviva, te reclinas
                                                          [à mesa:[63]
   ora diz-me lá: que andas a fazer, Gargiliano, em Roma?
Donde te vêm a togazinha e a renda do sombrio cubículo?

---

[58] V. II 43.

[59] Vasos orientais, provavelmente de porcelana da China ou de ágata.

[60] V. n. a I 26, 8 e II 40, 5.

[61] Nestor tinha mau hálito.

[62] Após dedicar a Saturno, deus das Saturnais, os grilhões, marca da condição de escravo, Zoilo foi alforriado e tornou-se cavaleiro, passando a usar o anel característico desta classe social.

[63] V. n. a III 7, 6 e II 37, 9.

Epigramas

Donde te vem o quadrante <para o banho>? Donde o dinheiro
[para seres o macho de Quíone?[64]
Bem podes dizer que vives muito razoavelmente,
quando não tens razão alguma para viver.[65]

31

Tu possuis, admito-o, as jeiras de vastas propriedades
e teus lares urbanos ocupam o lugar de muitos lotes
e numerosos devedores se sujeitam a teu cofre-forte
e em baixela de ouro se servem as tuas iguarias.
Mas não te ponhas, Rufino, a desprezar os mais humildes:
mais teve Dídimo, mais Filomelo possui.[66]

32

Se posso fazer amor com uma velha — é a tua pergunta, Matrínia.
[Até com uma velha
eu posso, mas tu és uma defunta, não uma velha.
Posso com Hécuba, posso com Níobe, ó Matrínia, desde que
uma ainda não seja uma cadela, desde que a outra ainda não
[seja uma pedra.[67]

33

Prefiro uma mulher livre, mas se, no entanto, ela me for negada,
tenho numa liberta a opção mais chegada.
Em último lugar está a escrava; mas triunfará de uma e de outra,
se para mim tiver a cara de uma mulher livre.[68]

---

[64] Nome de prostituta de ínfima condição.

[65] Jogo de sentidos de um mesmo termo: *ratio* aparece, no v. 5, na acepção de 'moderação' e, no v. 6, na de 'razão, causa, motivo'. Traduzimos, contudo, o complemento circunstancial de modo *Cum ratione.... summa*, pelo superlativo do advérbio correspondente.

[66] Personagens que enriqueceram à custa de actividades sórdidas.

[67] Hécuba perdeu o marido, Príamo, e os filhos, às mãos dos Gregos e foi transformada em cadela. Níobe pagou, com a transformação em pedra, a arrogância de se comparar a Latona em virtude da sua grande descendência.

[68] Também se pode considerar que o poeta explora o duplo sentido do adjectivo *ingenuus*: no primeiro verso significa 'livre', no último 'delicado' (v. X 82, 6).

Livro III

34

Direi por que razão, no tocante ao teu nome, és digna e indigna.
És frígida e és negra: não és e és Quíone.[69]

35

Estás a olhar estes peixes, cinzelado admirável
da arte de Fídias:[70] junta-lhes água, poderão nadar.[71]

36

O que te faz um novo e recente amigo,
   isto me obrigas, Fabiano, a fazer-te:
que a tiritar sempre te saúde ao dealbar do dia
   e que a tua liteira me arraste pelo meio da lama,
que fatigado te siga, à hora décima ou <até> mais tarde,[72]
para as termas de Agripa, embora me lave nas de Tito.[73]
Isto, Fabiano, mereci durante trinta dezembros:
   ser eternamente principiante na tua amizade?
Isto, Fabiano, mereci com uma toga bem gasta e adquirida a minhas
                           [expensas:
que tu ainda não estejas convencido de que mereci a vara
                           [<da libertação>?[74]

37

Encolerizarem-se é apenas o que sabem fazer, amigos ricos.[75]
Não é bonito, mas sempre vos ajuda a fazer... dinheiro.[76]

---

[69] *Chione* vem do grego χιών, 'neve'. V. n. a III 30,4.

[70] Escultor grego que viveu cerca de 73 anos, talvez entre 490 e 417 a.C. Trabalhou o mármore e o bronze e dominou a técnica de revestir as esculturas com ouro e marfim. A Acrópole e o Pártenon atestam a genialidade da sua arte.

[71] Trata-se de descrição de uma taça cinzelada (*toreuma*) com extremo realismo, segundo a *Phidiaca ars*, isto é, a técnica de Fídias.

[72] V. n. a I 108, 9.

[73] As termas referidas distam entre si cerca de uma hora. Sobre estes deveres do *cliens*, v. n. a II 18, 6.

[74] A *rudis*, v. n. a *Spect.* 31, 9.

[75] Porque assim há um bom pretexto para não aceder a nenhum pedido, para não (ter de) ser generoso.

[76] A lição seguida por Izaac e por Norcio apresenta, neste ponto: [....] *sed iuuat hoc: facite,* [....] «mas traz proveito. Façam-no lá.» Contudo, seguimos a lição de Shackleton Bailey, onde se lê: [....] *sed iuuat hoc facere.*

Epigramas

38

Que motivo ou confiança te puxa para Roma,
Sexto? Que esperas ou que procuras daí? Conta lá.
'Causas — replicas tu — defenderei com mais eloquência que o
[próprio Cícero
e ninguém estará à minha altura nos três foros.'[77]
Defenderam causas Atestino e Cive [78] — um e outro
deves ter conhecido —; mas nenhum ganhou com que pagar
[totalmente a renda <da casa>.
'Se nada daqui advier, escreveremos poemas:
quando os ouvires, dirás que são obra de Virgílio.'
Endoideceste: em todos quantos estão para aí,
com enregeladas lacernas,[79] podes ver Nasões e Virgílios.[80]
'Frequentarei os grandes átrios.' Dificilmente alimentou tal
[ocupação
três ou quatro, empalidece a restante turba com fome.[81]
«Que hei-de fazer? Aconselha-me lá. É que estou decidido a viver
[em Roma.»
Se és honesto, Sexto, por obra da Sorte poderás viver.

39

A zarolha Licóris ama, Faustino, um escravo semelhante
ao escanção ilíaco.[82] Que bem que esta zarolha vê!

40

Insculpido na taça e cinzelado pela mão de Mentor,
o lagarto está vivo e é temido por quem tocar na prata.[83]

---

[77] Por ....*in triplici....foro*, deve entender-se o foro Romano, o foro Júlio e o foro de Augusto. Aí funcionavam os tribunais.

[78] Advogados já falecidos que não fizeram fortuna em Roma.

[79] V. n. a II 43, 7.

[80] V. n. a I 61, 2 e 6.

[81] Depois de o desenganar sobre os ganhos como advogado e poeta, Marcial desilude-o quanto aos rendimentos conseguidos pelo *cliens*.

[82] Ganimedes. V. n. a I 6, 1.

[83] V. III 35. Mentor foi um escultor grego do séc. V a.C.

Livro III

41

Por me teres emprestado cento e cinquenta mil sestércios,
  de tanta riqueza que pesada arca encerra,
tens-te na conta, Telesino, de generoso amigo.
  Tu, generoso, porque emprestas? Generoso sou eu, porque
                                              [recebes de volta.

42

Quando procuras ocultar as estrias do teu ventre com farinha de
                                              [favas,[84]
  Pola, untas a tua barriga, não untas os meus beiços.[85]
Deixa simplesmente que o defeito, talvez mínimo, se exponha à
                                              [vontade:
  é que defeito escondido por defeito maior é crido.

43

Finges ser jovem, Letino, à custa dos cabelos pintados,
  tão depressa corvo, tu que ainda há pouco eras cisne.
Não iludes toda a gente; conhece-te Prosérpina[86] a canície:
  e ela arrancará a máscara que te cobre a cabeça.

44

Visto que ninguém se encontra contigo de bom grado,
visto que, onde quer que vás, todos fogem e profunda
solidão, Ligurino, te rodeia,
qual a razão, desejas saber? És demasiado poeta.
E este é um vício muito perigoso.
Nem a tigre-fêmea, acossada pelo rapto dos filhotes,
nem a serpente, inflamada com o sol do meio-dia,
nem o escorpião cruel se temem desta maneira.
Com efeito, quem — diz-me, por favor — pode suportar calvário
                                              [de tal sorte?

---

[84] Trata-se do *lomentum*, pasta feita com uma mistura de farinha de favas e farinha de arroz. V. XIV 60.

[85] A expressão *labra linere* equivale a *os sublinere* (PLAUTO, *Merc.* 485) e significa 'enganar'.

[86] Prosérpina (a Perséfone grega), rainha dos Infernos. Plutão (Hades, na mitologia grega) apaixonou-se por ela e raptou-a para que fosse sua mulher.

Epigramas

Quando estou de pé, lês e lês quando estou sentado,
quando corro, lês e lês quando defeco.
Fujo para as termas: cantas-me ao ouvido.
Procuro a piscina: não se pode nadar.
Corro para o jantar: reténs-me no caminho.
Chego ao jantar: afugentas-me quando estou a comer.
Durmo de cansaço: fazes-me saltar da cama.
Queres ver a porção de mal que tu me fazes?
És um homem justo, honesto, isento de culpa... mas temido.

45

Se fugiu Febo da mesa em que ceava Tiestes,[87]
  lá isso não sei: fugimos nós, Ligurino, da tua.
É certo que ela foi abundantemente provida de soberbas iguarias,
  mas nada, mesmo nada me agrada quando te pões a recitar.
Não quero que me sirvas rodovalho nem o ruivo de duas libras
  e nem quero cogumelos, ostras dispenso: cala-te.

46

Exiges de mim os intermináveis deveres de um cliente:
  não vou, mas mando-te o meu liberto.
«Não é — observas — a mesma coisa.» É muito mais, vou-te
                                          [provar:
  a custo poderei acompanhar a liteira, ele é capaz de a levar.
Se te enfiares em um ajuntamento, a todos, com o cotovelo, ele
                                          [repelirá:
  eu tenho flancos débeis e delicados.
Digas o que disseres no processo, eu ficarei calado:
  mas ele três vezes te mugirá: 'bravo!'
Se houver uma contenda, ele, com estridente voz, levantará uma
                                          [algazarra:
  impede-me a vergonha de pronunciar palavrões.
'Em suma, para nada — replicas — me servirás como amigo?'
  Para tudo aquilo, Cândido, que o liberto não puder fazer.

---

[87] Depois de descobrir que Tiestes o traíra com sua esposa, Aérope, Atreu,
rei de Micenas, convidou o irmão para um repasto, no qual lhe serviu os filhos
que Tiestes tivera de uma concubina. Febo, epíteto de Apolo enquanto deus do
sol, para não assistir a este espectáculo terrífico, inverteu o seu curso.

Livro III

47

Na porta Capena, por onde chove em grossas gotas
e onde o Almão lava o cutelo da Mãe frígia,
onde viceja o recinto sagrado dos Horácios
e onde o sol abrasa o templo de Hércules criança,[88]
Basso passava, Faustino, numa carroça cheia,
a arrastar todos os produtos de um campo fecundo.
Lá poderias ver as couves de flexíveis rebentos
e duas espécies de alhos-porros[89] e alfaces de grandes folhas,
e acelgas, não inúteis a um intestino preguiçoso;
lá poderias ver a argola pesada com gordos tordos
e a lebre ferida pelo dente de um cão gaulês
e um porquinho de leite, ainda incapaz de comer favas.[90]
E não caminhava ocioso à frente da carroça
o escravo batedor, antes transportava ovos na segurança do feno.
E Basso ia a caminho da cidade? Não, ia, isso sim, para o campo.[91]

48

Olo construiu um casebre de pobre, mas vendeu
seus imóveis. Agora Olo só tem o casebre de pobre.[92]

---

[88] A porta Capena situa-se a sul de Roma. Atravessava-a quem vinha da zona de Cápua, pela via Ápia. Por cima da porta encontrava-se um aqueduto de água Márcia, que estava roto naquele ponto e, por isso, vertia muita água. O Almão era um afluente do Tibre, no qual os sacerdotes de Cíbele, no mês de Março, lavavam a estátua da deusa e as facas dos sacrifícios. Cíbele era uma deusa frígia. O poema alude também ao 'recinto' onde os Horácios se bateram com os Curiácios (v. Lívio 1.24 ss.). Após a vitória, os Horácios tiveram direito a ser sepultados nesse lugar. A pouca distância de Roma situava-se o templo referido (v. IX 64 e 101).

[89] *Porrum sectiuum* e *porrum capitatum*. V. XIV 18 e 19.

[90] Varrão, *De re rust.* 2.4.17, informa-nos de que, depois de os porquinhos deixarem de se chamar *lactantes*, 'de leite', passam a chamar-se *nefrendes*, 'que ainda não podem mastigar'. Explica, depois, que, nesta fase, ainda não conseguem 'triturar' (*frendere*) favas.

[91] Na cidade havia de tudo e tudo se podia comprar. Na propriedade que tinha no campo, Basso, como tantos outros senhores, nada cultivava nem criava, comportamento que aqui implicitamente se censura.

[92] Construíam os senhores, em seus palácios, casebres, que alugavam aos pobres e que utilizavam para se divertirem a imitar o modo de vida dos mais desfavorecidos (v. Séneca, *Ad Luc.* 18.7 e 100.6). Olo arruinara-se e via-se obrigado a viver num destes casebres.

Epigramas

49

Misturas vinho de Veios para mim, enquanto emborcas do
[mássico:[93]
prefiro cheirar as tuas taças a beber as minhas.

50

Com este, e não outro intuito, me convidas para jantar:
para recitares, Ligurino, os teus versinhos.[94]
Mal pousei as sandálias,[95] logo é trazido entre as alfaces[96]
e a salmoura avinagrada um enorme livro;
outro é completamente lido, enquanto os primeiros pratos
[demoram;
um terceiro também, e ainda nem chegou a sobremesa;
e recitas um quarto e, por fim, um quinto livro.
Seria um enjoo, se tantas vezes me servisses javali.
Por isso, se não ofereces os celerados poemas às cavalas,[97]
passarás, Ligurino, a jantar em casa sozinho.

51

Quando elogio a tua face, quando admiro tuas pernas e tuas mãos,
costumas, Gala, dizer: 'Nua, ainda mais agradarei.'
Mas evitas constantemente tomar banho comigo.
Receias talvez, Gala, que seja eu que te não agrade?

52

Tinhas comprado a casa, Tongiliano, por duzentos mil sestércios:
levou-ta um infortúnio assaz comum em Roma.[98]

---

[93] Era intragável o vinho de Veios (v. I 103, 9).

[94] V. III 44 e n. a III 9, 1.

[95] O conviva costumava tirar as sandálias, antes de se reclinar no leito para jantar, e dá-las ao escravo que as guardava.

[96] As alfaces eram, nesta época, servidas como aperitivo (*gustatio*). Em tempos mais recuados, segundo diz Marcial (XIII 14), comiam-se no fim da *cena*.

[97] As folhas serviam para envolver peixe ou outras comidas (v. III 2, 4-5 e IV 86, 8).

[98] JUVENAL, 3.197 ss., atesta o avultado número de incêndios em Roma no séc. I d.C. Entre os que ficaram célebres pela devastação provocada, recorde-se o do ano 64, no principado de Nero, e um outro, em 80, quando Tito era imperador.

Livro III

Recebeste um milhão de sestércios.[99] Olha lá, não se poderia
[pensar
que tu mesmo, Tongiliano, incendiaste a casa?

53

Podia passar sem a tua cara
e teu pescoço e tuas mãos e tuas pernas
e teus seios e tuas nádegas e tuas ancas,
e, para não enumerar uma e outra (que estafa!) as tuas graças,
sem ti inteira, Cloe, eu poderia passar.

54

Como dar-te não posso o que me pedes, Gala, quando te solicito,
muito mais facilmente podes, Gala, dizer não.

55

À tua passagem, fica-se com a sensação de que Cosmo[100] anda
[em mudanças
e de que o vidro entornado derrama canela por toda a parte.
Não quero, Gélia, que te comprazas nessas frioleiras exóticas.
Sabes, cuido eu, que desse jeito até o meu cão pode cheirar
[bem.[101]

56

Antes quero ter um poço que um vinhedo em Ravena,
pois posso vender, por muito mais dinheiro, a água.[102]

57

Um astuto taberneiro pregou-ma, há dias, em Ravena:
embora lho pedisse misturado, vendeu-me o vinho puro.[103]

---

[99] Por subscrição de amigos (ou caçadores de heranças, a acreditar na sugestão de Juvenal, *Sat.* 3.212 ss.).

[100] V. n. a I 87, 2.

[101] V. II 12.

[102] Obviamente, havia falta de água em Ravena (cidade junto à foz do rio Pó, em região muito pantanosa nos tempos antigos).

[103] V. III 56 e n. a I 11, 1; II 1, 10.

Epigramas

58

A quinta, Basso,[104] do nosso amigo Faustino em Baias,[105]
não se dispõe em murtais improdutivos,
em plátanos viúvos[106] e em buxais tosquiados;
não ocupa as vastas extensões de uma planura ingrata,
mas alegra-a o campo autêntico e selvoso.
Aqui se topa com a farta Ceres[107] a cada canto
e muitas ânforas exalam o odor dos produtos outonais envelhecidos
[pelos anos;[108]
aqui, passados os novembros, já no limiar do inverno,
o podador hirsuto transporta as uvas tardias.
No fundo vale, mugem os touros bravios
e o vitelo, de fronte ainda inerme, anseia pela refrega.
Vagueia toda a turba da sórdida cortelha,
o ganso estrídulo e os variegados pavões
e a ave que deve o nome às penas vermelhas[109]
e a perdiz pintalgada e as galinhas pedreses da Numídia[110]
e os faisões dos ímpios Colcos;[111]

---

[104] Todo este epigrama, em que os vv. 5-44 traçam um dos mais conseguidos quadros bucólicos da literatura latina, surge como contraponto à descrição da propriedade improdutiva de Basso (III 47). Não é, assim, por acaso que o poeta se dirige agora justamente a ele, tal como foi a Faustino, o dono da idílica quinta aqui evocada, que descreveu os estéreis campos de Basso.

[105] V. n. a I 25, 1.

[106] Que não sustêm as vides.

[107] Ceres é uma divindade itálica, depois identificada com a Deméter grega. É deusa da fertilidade dos campos, nomeadamente das sementeiras e dos cereais.

[108] Refere-se ao vinho.

[109] O flamingo (em grego φοινικόπτερος, de φο ῖνιξ 'púrpura' e πτερόν 'asa'). Poderá parecer estranho ao leitor de hoje a inclusão do pavão e do flamingo entre os animais 'de capoeira'. Mas eram ambos muito apreciados à mesa dos Romanos ricos e requintados. Dos flamingos fazia-se uma iguaria só com as línguas. V. XIII 70 e XIII 71.

[110] Sobre as perdizes, v. XIII 65 e XIII 76. Quanto às galinhas da Numídia, muito requisitadas em mesas finas, v. XIII 45 e XIII 73.

[111] O faisão, também apreciadíssimo petisco, provinha da Cólquida (v. XIII 45 e XIII 72), pátria de Medeia. É por referência ao mito desta personagem que os faisões são ditos 'ímpios'. Medeia, filha de Eetes, rei da Cólquida, apaixonou-se por Jasão. Para o ajudar a conquistar o Velo de Ouro, fez uso das suas artes mágicas e traiu o pai. Na fuga, matou e cortou em pedaços o cadáver do irmão, Absirto, que ia atirando borda fora para obrigar o pai a recolhê-los e atrasar-se na perseguição que lhes movia. Depois, matou Pélias, que pusera a vida de Jasão em risco,

Livro III

soberbos galos cobrem as fêmeas de Rodes;
ressoam os pombais com o bater de asas das pombas,
arrulha de um lado o pombo-bravo, do outro, a rola cor de cera.[112]
Seguem o avental da caseira os porcos ávidos
e o tenro cordeiro espera a mãe de gordas tetas.
Os escravos da casa,[113] de tez cor de leite, rodeiam uma agradável
[lareira
e a frondosa ramagem flameja, nos dias de festa, diante dos
[Lares.[114]
O indolente despenseiro não empalidece em langoroso ócio,
e nem o untado palestrita gasta o óleo,[115]
mas a rede matreira estende-se sobre os ávidos tordos,[116]
ou a linha trémula arrasta o peixe apanhado
ou captura o gamo, enredado nas armadilhas.[117]
O horto produtivo exercita e alegra os escravos da cidade;
e, sem pedagogo que lhes dê ordens, os jovens brincalhões,
de cabelos compridos, alegram-se por obedecerem ao quinteiro;
e até o efeminado eunuco se compraz no trabalho.
E o camponês não vem, de mãos vazias, saudar o patrão:
um traz os claros méis com sua cera
e um cone de queijo da boscosa Sásina;[118]

---

mandando-o conquistar o Velo de Ouro. Mais tarde, em Corinto, quando Jasão casou com a filha do rei, para se vingar do amado, que a abandonara, assassinou Creúsa, a jovem desposada, o pai dela, Creonte, e os dois filhos que tivera de Jasão.

[112] *Columbae, palumbi* e *turtures*, todos destinados à mesa. V. XIII 66, 67 e 53, respectivamente.

[113] Sobre os *uernae*, v. n. a I 84, 4.

[114] V. n. a I 70, 11.

[115] O óleo usado para untar o corpo dos atletas (*palaestrita* é o que se exercita na *palaestra*, ou o 'mestre de ginástica' que lhe orienta o treino). Mas a expressão é proverbial (*oleum perdere*: perder tempo, gastá-lo inutilmente).

[116] Sobre os *turdi*, v. XIII 51.

[117] Era a forma habitual de caçar animais selvagens, como o veado e o javali. As redes eram presas a árvores. Perseguido, o animal acabava por esbarrar contra elas. Então, puxada uma corda, a rede fechava-se como um saco e prendia o animal.

[118] Cidade da Úmbria (também Sársina), famosa pelas suas pastagens e pelos seus queijos em forma de cone. Terra natal de Plauto.

Epigramas

outro apresenta-te os arganazes sonolentos,[119]
este, o rebento a vagir da mãe peluda;[120]
o outro, capões obrigados a ignorar o amor.[121]
E os presentes das mães, em vime entrelaçado, te apresentam
as alentadas moças, filhas de camponeses honrados.
Findo o trabalho, convida-se o alegre vizinho;
e nem uma mesa avara guarda os alimentos para o dia seguinte,
saciam-se todos e até o escanção, de farto,
não sabe o que é invejar o comensal já ébrio.
Mas tu, nas abas da cidade, possuis <uma casa em que se passa>
                                           [uma fome elegante
e de alta torre avistas apenas os loureiros,
em segurança, pois teu Priapo[122] não teme o ladrão;
e nutres o vinhateiro com o trigo da cidade
e, no jeito dos ociosos, levas para a tua quinta, coberta de pinturas,
legumes, ovos, frangos, frutos, queijo e vinho.
Casa de campo é o que deve chamar-se a esta ou casa afastada da
                                            [cidade?[123]

59

O sapateiro Cerdão ofereceu-te, ó culta Bonónia,[124] um espectáculo
                                        [de gladiadores;
o pisoeiro[125] ofereceu outro em Mútina.[126] Onde oferecerá
                                      [agora o seu o taberneiro?

---

[119] Os *glires*, que hibernavam, ficavam mais gordos após esse período (v. XIII 59). Era também na escuridão que eram engordados artificialmente. Comiam--se com nozes, avelãs, bolotas, ou cozidos em mel e salpicados com sementes de dormideira.

[120] Isto é, da cabra.

[121] Sobre os capões, v. XIII 63 e 64.

[122] V. n. a I 35, 15.

[123] Marcial retoma a crítica de III 47: Basso traz dos mercados da cidade aquilo que poderia e deveria cultivar nos seus campos. E os legumes, ovos, frangos... que existem em sua casa não passam de naturezas-mortas, pinturas que adornam as paredes.

[124] A moderna Bolonha. V. III 16.

[125] O *fullo*, encarregado da limpeza do vestuário. V. n. a II 29, 4.

[126] A moderna Módena.

Livro III

60

Visto que sou convidado para o jantar — não já na qualidade de
[venal,[127] como antes —,
por que razão me não é servido o mesmo que a ti?
Tu consomes ostras engordadas no lago Lucrino,[128]
a mim, resta-me chuchar um mexilhão, depois de ter quebrado a
[sua concha;[129]
tu tens boletos,[130] eu consumo cogumelos que se dão aos porcos;
tu bates-te com um rodovalho,[131] mas eu com uma bremazita.
Uma rola dourada, de coxas desmedidas, atesta a tua pança,
a mim toca-me a pega morta na gaiola.[132]
Por que razão janto sem ti, Pôntico, embora jante contigo?
Como não há espórtula, que o facto me aproveite: comamos os
[mesmos pratos.

61

Dizes que é nada tudo o que <me> pedes, Cina descarado:
se é nada, Cina, o que tu pedes, nada, Cina, te posso negar.[133]

62

Porque compras escravos por cem mil e, muitas vezes, por duzentos
[mil sestércios,
porque bebes vinhos envelhecidos numa ânfora desde o tempo
[do rei Numa,[134]
porque uma mobília que pouco espaço ocupa te custa um milhão
[de sestércios,

---

[127] V. III 7. *Venalis*, 'venal', no sentido de cliente cujos serviços se paga(va)m com a *sportula* em dinheiro. Agora, Marcial tem direito apenas à *cena*, e revolta--se, pois ela nem sequer é igual à do patrono.

[128] Eram as mais apreciadas. V. XIII 82.

[129] Tarefa que geralmente cabia a quem confeccionava este prato. O desmazelo do anfitrião é total. Outra interpretação é a de que a concha do mexilhão lhe deixa os lábios todos cortados (*inciso... ore*).

[130] Sobre os *boleti*, v. XIII 48.

[131] Sobre o *rhombus*, v. XIII 81.

[132] Hoje diríamos 'de aviário'.

[133] Jogo com a palavra *nihil*, 'nada'. Para enganar os restantes ciclopes, também Ulisses tinha dito a Polifemo que se chamava *nemo* (οὐδείς) 'ninguém' (*Od.* 9).

[134] Segundo a lenda, no dia em que Rómulo fundou a cidade de Roma (753 a.C.), nasceu Numa Pompílio. Este homem, de origem sabina, haveria de se

Epigramas

porque uma libra de prata te rouba cinco mil sestércios,
porque um carro dourado se arranja para ti pelo preço de uma
[quinta,
porque compraste uma mula por maior preço do que o de uma
[casa:
julgas, Quinto, que isto faz de ti um homem de grande espírito?
Estás enganado: só um espírito mesquinho, Quinto, é que compra
[estas coisas.

63

Cótilo, és um tipo jeitoso:[135] muitos, Cótilo, o dizem
(é o que ouço contar) mas, diz-me lá, o que é um tipo jeitoso.
«Tipo jeitoso é o que sabe pentear os caracóis,
o que sempre cheira a bálsamo, o que sempre cheira a canela;
o que trauteia as canções do Nilo, o que trauteia as canções de
[Gades,
o que meneia em variados ritmos os braços depilados;
que, entre cadeiras de mulheres, todo o santo dia,
permanece sentado e tem sempre que cochichar alguma coisa
[ao ouvido,
o que lê bilhetes enviados daqui e dali e escreve as respostas;
que evita o manto do vizinho na zona do cotovelo;[136]
o que sabe quem é a mulher amada de quem quer que seja, o que
[circula por todos os festins,
o que conhece bem os remotos antepassados de Hirpino.[137]»
Que me contas? É isto, é isto, Cótilo, o tipo jeitoso?
Um tipo jeitoso, Cótilo, é coisa bem complicada...

---

tornar o segundo rei de Roma. Contava-se que, em determinado banquete, enchera, por magia, as mesas de soberbas iguarias e de óptimos vinhos. Não sabemos se Marcial teria pensado nesta situação concreta, mas o carácter lendário da personagem em causa já hiperboliza comicamente a idade do vinho de Quinto. Em português, para indicar a velhice de alguma coisa, temos uma expressão parecida: 'da era dos afonsinhos'.

[135] De novo o adjectivo *bellus*. V. n. a I 9, 1.

[136] Para não ficar com a veste amarrotada ou suja.

[137] Célebre cavalo de corrida. Cf. JUVENAL 8.63.

Livro III

64

As Sereias,[138] deleitoso suplício dos nautas,
e morte suave e cruel prazer,
às quais ninguém escapava, depois de as ter ouvido,
se diz que o ardiloso[139] Ulisses desprezou.
Não me admiro, não: do que me admiraria, Cassiano,
era que tivesse desprezado Cânio, quando conta histórias.[140]

65

O perfume que exala a maçã quando a morde uma delicada
[donzela,
o que exala a brisa que vem do açafrão de Córico;[141]
o aroma da antiga vinha quando floresce com os primeiros cachos,
o da grama vicejante, que a ovelha recentemente pastou;
o perfume da murta, o do segador árabe, o do âmbar moído,[142]
o cheiro do fogo que embranquece com o incenso oriental;
o odor que esparge suavemente a terra com o aguaceiro estival,
o que espalha uma coroa em contacto com uma cabeleira ungida
[de nardo:[143]
a isto cheiram, cruel menino Diadúmeno,[144] teus beijos.
E que seria, se mos desses — todos — sem relutância?

---

[138] Em *Od.* 12.39-54, 154-200, Ulisses descreve os conselhos da feiticeira Circe para evitar as Sereias (Σειρῆνες) e o modo como os pôs em prática. As Sereias eram génios marinhos com uma metade do corpo de mulher, e outra, de pássaro. Para resistir ao seu canto, Ulisses tapou os ouvidos dos companheiros com cera e pediu que o amarrassem no cavalete do mastro. Se acenasse a pedir que o soltassem, os nautas deviam atá-lo com mais amarras ainda. Deste modo conseguiram Ulisses e os companheiros passar ao largo da ilha mediterrânea onde viviam as Sereias, sem por elas serem devorados.

[139] Recordem-se os epítetos homéricos de Ulisses: πολύμητις e πολυμήχανος, o herói dos mil artifícios.

[140] V. n. a I 61, 9 e I 69; III 20.

[141] Cidade e montanha da Cilícia, planície costeira do sudeste da Anatólia (mod. Turquia). Tarso era a cidade mais importante da Cilícia. À data do nascimento de S. Paulo (c. 10 d. C.), era uma província romana dependente da Síria.

[142] O segador árabe colhe as ervas aromáticas. O âmbar é uma resina fóssil de cor amarela-pálida, que exala um cheiro pronunciado.

[143] Os cabelos eram perfumados (*e.g.* com nardo) e cobertos por coroas de flores, nomeadamente durante os festins.

[144] Diadúmeno era um adolescente (*puer*, 'menino'), com certeza um jovem escravo de Marcial, que se submete bastante a contragosto aos desejos de seu

Epigramas

66

Crime semelhante ao das armas fárias[145] António[146] o cometeu:
rostos sagrados <nos> arrebatou uma e outra espada.
Uma era a tua cabeça, Roma, quando celebravas feliz
os triunfos ornados de louro,[147] a outra quando eras eloquente.[148]
A causa de António é, contudo, mais difícil de defender do que a
[de Potino:
este executou o crime em obediência ao seu senhor; aquele,
[em obediência a si próprio.[149]

67

Vocês pararam, rapazes, e não querem saber de nada,
mais preguiçosos do que o Vaterno ou o Rasina,[150]
por cujos lentos vaus navegam
a molharem os tardos remos ao ritmo do canto.[151]
Já se despenha Faetonte, já Éton sua,[152]
o ar está abafado e a hora do meio-dia
desatrela os corcéis amolentados.

---

amo. V. V 46 e VI 34. O nome escolhido pode lembrar-nos uma estátua, hoje no Museu Nacional de Atenas, atribuída à escola de Policleto, escultor do séc. V a.C., que tem o nome de Diadúmeno e que representa, para Gregos e Latinos, o modelo de beleza masculina na idade da adolescência. Entre os Romanos, a adolescência era o período entre os 17 e os 30 anos.

[145] Fárias: egípcias (da ilha de Faros, junto a Alexandria).

[146] Marco António.

[147] As folhas do loureiro simbolizavam a vitória; delas se fazia a *corona triumphalis* do general vencedor.

[148] Cícero foi desde sempre o orador romano por excelência.

[149] Cícero morreu, em 43 a.C., às mãos dos soldados de Marco António, que exigiu que o nome do orador, que tão ferozmente o atacara nas *Filípicas*, encabeçasse a lista de proscrições que redigiu, com Octaviano, quando ambos chegaram a um entendimento táctico. Potino executou, em 48 a.C., Pompeio, opositor de Júlio César, por ordem de Ptolemeu XIV, de quem era eunuco.

[150] Afluentes do Pó. O nome moderno de Vaterno (ou Vatreno) é Santerno, rio que se situa próximo de Ímola.

[151] O ritmo era imposto pelo chefe da tripulação. Além do canto (*celeuma*), também podia ser marcado com um instrumento de percussão.

[152] Faetonte era filho do Sol. Um dia tomou, com o consentimento do pai, as rédeas do carro de fogo, puxado pelos cavalos Pírois, Eoo, Éton e Flégon. Começou por seguir a abóbada celeste, mas a altitude e as constelações assustaram-no, de modo que, ao aproximar-se da Terra, Zeus fulminou-o para que a não incendiasse.

Livro III

Mas vocês vagueiam ao sabor de águas tão calmas,
passam o tempo no recreio duma embarcação segura.
Não vos considero nautas, mas Argo...nautas.[153]

68

Até aqui foi escrito para ti, matrona,[154] este livrinho de epigramas.
Para quem são, perguntas, os poemas seguintes? Para mim.
O ginásio, as termas e o estádio estão nesta parte: retira-te.
Vamo-nos despir: dispensa-te de ver homens nus.
Doravante, tendo renunciado, após o vinho e as rosas, ao pudor,
    já tocada, Terpsícore[155] não sabe o que diz;
designa, não por meias palavras, mas claramente, a oferenda
    que Vénus recebe, com ufania, no sexto mês,[156]
que o quinteiro coloca de guarda no meio do jardim,[157]
    e que uma honesta donzela só mira, depois de tapar os olhos
                                                    [com as mãos.
Se bem te conheço, já tinhas, com o cansaço, posto de parte o
                                                    [livro, porque longo;
    agora com renovado alento, o vais ler todo inteiro.

---

[153] Argonautas ('Αργοναῦται) eram, em rigor, 'os marinheiros da nau Argo', construída por Argo, que acompanharam Jasão na conquista do Velo de Ouro. O termo 'Argo' vem do adjectivo grego ἀργός que pode significar 'ágil, rápido, veloz' ou, com outra etimologia, 'inactivo, preguiçoso, lento'. Marcial utiliza a palavra na segunda acepção: assim, os 'Argonautas' seriam 'nautas preguiçosos'!

[154] A *matrona* é a mulher casada, com certeza de costumes castos e pudor inquebrantável.

[155] Apesar das diferentes versões sobre o número e a origem das Musas, a verdade é que, na época clássica, generalizou-se a ideia de que eram nove, e filhas de Mnemósine e de Zeus. Calíope era a musa da poesia; Clio, da história; Polímnia, da pantomima; Euterpe, da flauta; Terpsícore, da poesia ligeira e da dança; Érato, da lírica coral; Melpómene, da tragédia; Talia, da comédia; e Urânia, da astronomia.

[156] Para os Romanos, o ano começava em março. Em agosto, as devotas de Ísis levavam, em cortejo solene, um falo ao templo de Vénus Ericina.

[157] V. n. a I 35, 15.

Epigramas

69

Porque escreves todos os epigramas com castas palavras,
  e em teus poemas não aparece 'aquele membro',
admiro-te e elogio-te; nada há de mais puro do que tu:
  mas não há página minha que esteja isenta de obscenidade.[158]
Leiam-me, portanto, os jovens libertinos e as raparigas fáceis,
  leia-me o velho, mas só aquele a quem a amante atormenta.
Pelo contrário, Coscónio, as tuas santas e venerandas palavras
  — por crianças e donzelas devem ser lidas.

70

És o amante de Aufídia, tu que já foste, Cevino, seu esposo;
  o que era então teu rival, é agora o esposo.
Porque te agrada a mulher alheia, que, quando é tua, já te não
                                              [satisfaz?
  Será que, em segurança, não o consegues endireitar?

71

Quando dói o membro ao teu escravo, e a ti, Névolo, o rabo,
  não sou adivinho, mas sei o que tu fazes.

72

Queres ser fodida e não queres, Saufeia, comigo tomar banho.
  Não sei qual seja, mas grande defeito deves ocultar:
ou te pendem do peito enrugados seios,
  ou, nua, receias mostrar as rugas do teu ventre,
ou a vagina rasgada mostra um buraco sem fundo,
  ou há qualquer inchaço nos bordos da tua rata.
Mas não é nada disto — estou convicto —, tu, mesmo nua, és uma
                                              [perfeição.
  Ora, sendo assim, o vício ainda é pior: és convencida.

73

Dormes com escravos de grosso membro,
e não se levanta em ti, Febo, o que se levanta neles.
Que queres tu — pergunto, ó Febo — que eu conclua?

---

[158] Manifesto exagero do poeta (só aplicável a esta parte do livro): a maior
parte dos epigramas de Marcial está longe de ter essas características.

Livro III

Queria ter-te na conta de tipo relaxado,
mas corre o rumor de que não és um pederasta activo.[159]

74

Com um unguento[160] alisas a cara e, com loção depilatória, a calva.
Acaso temes, Gargiliano, a tesoura?
Como há-de ser com as unhas? É que, pela certa, não as podes
cortar com resina do Véneto nem com argila.
Deixa-te, se tens vergonha, de pavonear uma careca tão desgraçada.
Esse tratamento é o que se costuma aplicar, Gargiliano, a uma
[vulva.

75

Há já algum tempo, Luperco, que o teu membro deixou de levantar-se,
embora, com afinco, te esforces por o endireitar.
Mas de nada valem as erucas ou os bolbos afrodisíacos[161]
e já nem a lasciva segurelha te aproveita.
Começaste a corromper, com teus bens, bocas inocentes:
e nem assim revive a solicitada vénus.
De tal fenómeno, quem há que não fique admirado ou possa
[acreditar
que o que se não mantém de pé se mantém caro, Luperco, para
[ti?[162]

76

Excitas-te com velhas; desprezas, Basso, as moças,
e não é a beldade que te agrada, mas a moribunda.
Isto — pergunto eu — não é loucura, este não é um membro
[dementado?
Podes com Hécuba, não podes com Andrómaca![163]

---

[159] V. II 28, 5-6.

[160] O *psilothrum*, feito com arsénico e cal, usado como depilatório por mulheres e homens de costumes efeminados. O *dropax* (v.1), a resina e a argila (v.4) eram usados com o mesmo fim.

[161] As cebolas. V. XIII 34.

[162] *Stare* aparece, neste epigrama, com dois sentidos: 'manter-se de pé' e 'manter-se (*magno* 'caro')'.

[163] Hécuba é a segunda mulher de Príamo, rei de Tróia, mãe de 19 dos seus 50 filhos (v. n. a III 32, 4). Andrómaca era nora de Príamo e mulher de Heitor.

Epigramas

77

Nem o ruivo te deleita, nem, Bético, o tordo,
  e nem a lebre alguma vez te agrada, nem o javali;[164]
e nem os bolos te quadram, e nem a fatia da tarte[165] cortada,
  e nem a Líbia nem o Fásis te enviam as suas aves:[166]
devoras a alcaparra e as cebolas que vogam no molho
  fétido[167] e a carne de um presunto[168] duvidoso,
e agradam-te as anchovas e as postas de atum de brancas peles,
  bebes vinhos resinosos, do falerno foges.
Suspeito que tens não sei que pecha mui secreta
  de estômago: como se entende, afinal, ó Bético, que só
    [σαπροφαγεῖς?[169]

78

Urinaste uma vez, Paulino, com o navio em movimento.
  Queres urinar de novo? Então ficarás Palinuro.[170]

79

Sertório não acaba nada, mas começa tudo.
  Quer-me parecer que o tipo, quando fode, não chega mesmo ao
    [fim.

80

---

[164] Sobre o *mullus*, o *turdus*, o *lepus* e o *aper*, v., respectivamente, XIII 79, XIII 51, XIII 92 e XIII 93.

[165] A *placenta* era um bolo feito com farinha de aveia, queijo e mel. CATÃO, em *De agricultura* 76, ensina a confeccioná-lo.

[166] Galinhas pedreses e faisões. Fásis situava-se na região da Cólquida. V. n. a III 58, 15 e 16.

[167] O *allec* era preparado com vísceras e pequenos pedaços de peixe, que se colocavam ao sol, a fermentar. O líquido que se ia formando era o célebre *garum*, o molho com que os Romanos temperavam quase todos os pratos, inclusive doces. A pasta que ficava era o *allec*.

[168] O *petaso*. V. XIII 54 e XIII 55.

[169] 'Comer alimentos putrefactos'. De facto, repare-se que as preferências alimentares de Bético implicam sempre um processo de 'putrefacção' parcial, como a salmoura ou a fermentação.

[170] Palinuro era o timoneiro de Eneias, que, na viagem da Sicília para a Itália, sucumbiu ao sono e caiu ao mar (*Aen.* 6.337 ss.). Marcial imagina, em Παλίνουρος, um composto de πάλιν, 'de novo', e de οὐρεῖν, 'urinar', ou de οὖρον, 'urina'.

Livro III

De ninguém te queixas, a ninguém criticas, Apício:
mas corre o rumor de que és dotado de má língua.[171]

81

Que tens que ver, ó galo Bético,[172] com sorvedoiros de mulher?
Esta língua deve lamber, a meio, os homens.
Por que razão te foi cortado, com um caco de Samos, o membro,
se tão agradável te era, Bético, a rata?
O que se te deve castrar é a cabeça: embora, pelo membro, sejas
[galo,
frustras, no entanto, os ritos de Cíbele:[173] és homem pela boca.

82

Quem é capaz de ser conviva de Zoilo
que jante entre as fêmeas do Sumémio[174]
e beba, ainda que sóbrio, do jarro esmoucado de Leda:[175]
e eu sustento que seria algo mais suportável e mais limpo.
Jaz de vestido verde claro[176] em leito que ocupa por inteiro[177]
e ainda empurra daqui e dali, com os cotovelos, os seus convivas
estirado sobre a púrpura e almofadinhas de seda.
Mantém-se junto dele um amiguinho que fornece a seus arrotos
penas vermelhas e espinhos de lentisco;[178]
e, quando Zoilo tem calor, ventila suave brisa
uma concubina, por trás dele, com um leque verde;
e um escravo repele as moscas com uma vara de murta.[179]
Uma massagista percorre o corpo com lesta arte

---

[171] Isto é: que dela fazia um uso obsceno.

[172] A Bética era uma região situada no sudeste da Hispânia. Galo corresponde a homem castrado. Este, contudo, tinha imprevistas preferências.

[173] V. n. a II 45, 2.

[174] De sub- e moenia 'por trás das muralhas': era um lugar frequentado por prostitutas (Summoenianae).

[175] Nome de meretriz.

[176] V. n. a I 96, 9.

[177] E não, como era hábito nos lecti triplos do triclinium, partilhando-o com mais dois convivas.

[178] Para provocar o vómito (e poder comer mais em seguida) e para palitar os dentes. V. XIV 22. As 'penas vermelhas' eram de flamingo.

[179] Sobre leques e enxota-moscas, v. XIV 67 e 68.

Epigramas

e faz deslizar a mão experiente por todos os membros;
ao sinal familiar do estalar do dedo, o eunuco,
inspector de uma urina exigente,
orienta o ébrio pénis do senhor enquanto este bebe.
Zoilo, no entanto, reclinado para trás, para a turba que tem aos
[pés,[180]
entre as suas cadelas que lambem as vísceras de gansos,
distribui as molejas do javali pelos assistentes de palestra[181]
e dá coxas de rolas ao amiguinho;
e, embora nos sirvam a colheita dos rochedos da Ligúria
ou o mosto cozido nos fumos de Massília,[182]
bebe à saúde dos seus bufões[183] o néctar
do ano de Opímio,[184] em vasos de cristal[185] e de mirra;[186]
e ele próprio, encharcado em todos os perfumes de Cosmo,[187]
não se envergonha de nos fornecer, em múrice[188]
dourado, a pomada para o cabelo que usam as pobres prostitutas.
Ressona depois, rendido aos numerosos copos de sete cíatos:[189]
nós estamos à mesa e, convidados a respeitar,
em silêncio, os seus roncos, temos de brindar apenas por gestos.
Do devasso Malquião[190] suportamos estas insolências,

---

[180] Reclinados nos leitos (v. n. a II 37, 9), os convivas tinham a cabeça virada para a mesa central, onde eram postos os alimentos. Por trás deles e, por isso, a seus pés, estavam os escravos que os serviam (v. III 23).

[181] Os *palaestritae*, v. n. a III 58, 25.

[182] Vinhos de má qualidade. Sobre o de Massília (a moderna Marselha), v. XIII 123 e XIV 118.

[183] Era costume dos grandes senhores (ou dos que queriam parecê-lo) terem um bobo que lhes distraía os convidados e, de vez em quando, lhes suportava a ira. V. VI 39, VIII 13, XII 93 e XIV 220.

[184] V. n. a I 26, 8.

[185] Sobre os *crystallina*, v. XIV 111.

[186] V. XIV 113 e n. a III 26, 2.

[187] V. n. a I 87, 2.

[188] Na concha do *murex*, molusco (comestível, cf. XIII 87) de que se extraía a púrpura. Dentro dessa concha, dourada, serve Zoilo uma pomada inominável, em vez do perfume que usa e deveria partilhar com os convivas.

[189] *Cyathus* era 1/24 de litro.

[190] Personagem não identificável, aqui modelo do 'devasso insolente'. Há quem pense que o nome sugere a figura de Trimalquião, o novo-rico do *Satyricon* de Petrónio.

Livro III

e nem podemos, Rufo, tirar uma desforra:[191] o tipo é dos
[chupistas.

83

Exortas-me a fazer epigramas mais breves, Cordo.
«Trata-me como Quíone costuma tratar <os seus clientes>.»[192]
[Não pude ser mais breve.

84

Que conta a tua amásia? Não falei
da tua rapariga, Gongilião. De quê então? Da tua língua.

85

Quem te convenceu a cortar o nariz ao adúltero?
Não é esta parte, ó marido, que te dá prejuízo.[193]
Pateta, que fizeste? Por aqui nada perdeu tua mulher,
desde que esteja a salvo o membro de teu Deífobo.[194]

86

Eu avisei e preveni, casta <menina>, que não lesses esta parte[195]
do livrinho lascivo: mas cá estás tu a ler.
Mas se tu, casta <menina>, assistes aos espectáculos de Panículo
[e de Latino,[196]
não são estes epigramas mais descarados do que os mimos.
[Então lê.

87

Corre certo rumor de que tu, Quíone, jamais foste fodida
e que até nem há rata alguma mais pura do que a tua.

---

[191] Do mesmo modo que CATULO, no *carm.* 16, ameaça Aurélio e Fúrio de
irrumatio, também Marcial parece ponderar uma vingança deste tipo.

[192] Prostituta desembaraçada nos 'serviços prestados'.

[193] V. II 83.

[194] Após a morte de Páris, Deífobo, filho de Príamo e de Hécuba, casou com
Helena. Quando os Gregos conquistaram Tróia, Menelau, o primeiro e ultrajado
marido de Helena, mutilou-o cruelmente e matou-o. Segundo VERGÍLIO (*Eneida*
6.494 ss.), foi a própria Helena quem o traiu.

[195] V. III 68.

[196] V. n. a I 4, 5 e II 72, 4.

Epigramas

E, no entanto, tomas banho sem cobrir a parte que devias.
Se te resta algum pudor, desvia os calções para a cara.[197]

88

São irmãos gémeos, mas lambem órgãos diferentes.
Digam-me cá: acaso são mais distintos ou semelhantes?

89

Recorres a alfaces,[198] recorres a tenras malvas:
mas tens a cara, Febo, de um tipo de caca dura.

90

Quer, não quer Gala dar-se a mim, e não consigo dizer,
com tanto quer e não quer, o que é que Gala quer.

91

Quando certo soldado licenciado demandava os campos da pátria
[Ravena,
a viagem juntou-o com um grupo de sacerdotes efeminados
[de Cíbele.[199]
O soldado trazia por companheiro Aquilas, escravo fugitivo
[do seu senhor,
rapaz que se distinguia pela beleza e pela matreirice.
Os homens impotentes deram conta do facto: em que parte do
[leito se deitaria,
perguntam eles. Mas o rapaz pressente a cilada perpetrada em
[segredo:
mente, eles acreditam. Sob os efeitos do vinho, entregam-se ao
[sono:
imediatamente a turba criminosa toma o ferro
e castra o veterano que dormia naquela parte do leito;
pois o rapaz, atrás do espaldar do leito, estava em segurança.
Diz-se que, outrora, a cerva foi posta no lugar da virgem,
mas, desta vez, o cervo foi substituído por um membro viril.[200]

---

[197] Insinuação sobre a verdadeira actividade sexual de Quíone.
[198] Sobre as propriedades laxativas da alface, v. XI 52, 5.
[199] V. n. a II 45, 2.
[200] Marcial alude ao mito de Ifigénia, filha de Agamémnon e de Clitemnestra, que Ártemis substituíra por uma corça, quando o adivinho Calcas se preparava

Livro III

92

Que lhe suporte um amante me pede minha mulher, ó Galo, mas
[só um.
E a esta fulana não devo eu, ó Galo, arrancar os dois olhos?

93

Quando já viste trezentos cônsules,[201] Vetustila,[202]
e tens três cabelos e quatro dentes,
um peito de cigarra, a perna e a cor de uma formiga;
quando mais enrugada que a estola[203] trazes a fronte
e mamas semelhantes às teias de aranha;
quando, comparada com a tua boca escancarada,
a do crocodilo do Nilo é pequena,
e as rãs de Ravena coaxam melhor,
e o mosquito de Átria[204] zune mais docemente,
e vês tanto quanto a coruja vê de madrugada,
e tens o cheiro dos pastores de cabrinhas,
e a rabadela de uma pata magra,
e os ossos da rata excedem os de um velho Cínico;[205]
quando, depois de apagar a lucerna,[206] o banheiro
te admite entre as rameiras dos sepulcros;[207]

---

para a sacrificar à deusa. O sacrifício destinava-se a conseguir ventos favoráveis
à viagem dos Gregos para Tróia.

[201] V. n. a I 15, 3.

[202] Também este nome, como o da Vetustina de II 28, 4, tem na base o adjectivo *uetus*, velho.

[203] A *stola*, veste característica da *matrona*, usava-se sobre a *tunica* e apertava--se debaixo do peito e ao nível das ancas.

[204] Cidade costeira perto da foz do rio Pó, não muito longe de Ravena. A região era extremamente pantanosa: daí as rãs e os mosquitos. Cf. III 56 e 57.

[205] Os filósofos Cínicos levavam uma vida de extrema austeridade, dispensando tudo o que fosse supérfluo. É paradigmático um episódio que se contava sobre o filósofo Demétrio (c. 412/403 - c. 324/321 a.C.), que vivia num tonel e tinha, entre os pouquíssimos pertences, um recipiente para beber água. Um dia, porém, viu uma criança que bebia da mão em concha e, percebendo que até aquele utensílio era desnecessário, pô-lo de parte. Não é, pois, de admirar que os Cínicos sejam aqui tomados como sinónimo de extrema magreza.

[206] As lucernas eram geralmente em barro ou bronze. A luz produzia-se queimando uma mecha embebida em azeite. Havia-as com uma ou várias chamas (v. XIV 39 e 41).

[207] V. n. a I 34, 8.

Epigramas

quando, para ti, o inverno reina ainda no mês de agosto,
e nem uma febre pestilencial conseguiria derreter-te
— ousas desejar casar depois de duzentas mortes[208]
e, em tua loucura, buscas um homem a quem as tuas cinzas ainda
[façam comichões.
Que tal, se alguém se inflamasse pelo rochedo de Sátia?[209]
Quem te chamará cônjuge, quem esposa,
se Filomelo[210] ainda recentemente te chamou avó?
Se tanto empenho tens em que o teu cadáver seja cocegado,
estenda-se um leito do triclínio de Acoro,[211]
o único que apenas ao teu himeneu convém,
e o serviçal da pira traga archotes[212] para a nova esposa:
nessa rata, só uma tocha pode entrar.

94

Afirmas que a lebre não está cozinhada e reclamas um chicote.
Preferes, Rufo, retalhar o cozinheiro que não a lebre.[213]

95

Nunca me dás primeiro os bons-dias, mas retribuis sempre, Névolo,
[o cumprimento,
quando até um corvo[214] muitas vezes costuma ser o primeiro a
[cumprimentar.
Por que razão esperas tal obrigação de mim? — peço-te,
[Névolo, que respondas:
é que — me parece — nem és melhor, Névolo, nem estás à minha
[frente.

---

[208] Duzentas vezes ficou viúva.

[209] Matrona romana que faleceu, com a idade de 99 anos, no tempo de Cláudio (cf. PLÍNIO-O-VELHO 7.158 e SÉNECA, *Ad Luc.* 77.20).

[210] Certamente um velho ou mesmo um morto.

[211] Dono do que nos dias de hoje se chamaria uma casa funerária. Alugava as mobílias necessárias às honras fúnebres.

[212] A *taeda* era feita de madeira resinosa e usava-se sobretudo nos cortejos nupciais, quando a noiva ia para casa do marido. Marcial joga aqui com a alusão aos archotes (*taedae*) e à tocha (*fax*) com que se acendia a pira fúnebre.

[213] Tal como em III 13, trata-se de encenação para não ter de servir a comida aos convidados.

[214] V. XIV 74.

Livro III

Ambos os Césares me louvaram e dotaram com prémios[215]
e concederam-me o privilégio de paternidade de três rebentos.[216]
Sou lido por muitas bocas e um nome conhecido pelas cidades
me dá a fama sem esperar pela pira.
E olha que isto não é coisa pouca: viu-me Roma tribuno
e sento-me onde Oceano te faz levantar.[217]
E suspeito, até, que não tens tantos escravos
quantos os que, por minha intervenção, se tornaram cidadãos por
[graça imperial.
Mas és pederasta e sabes, Névolo, dar lindamente ao rabo.
Pronto, pronto, estás à frente, Névolo: és vencedor. Bons dias!

96

Lambes, não fodes a minha amada
e palras qual adúltero e fodilhão.
Se te apanho, Gargílio, de bico calado ficarás.[218]

97

Que Quíone não leia, recomendo-te, Rufo, este livrinho.
Com um meu epigrama se ofendeu: e ofender-me também ela
[pode.

98

Quão magro é teu rabo, queres saber?
Até enrabar podes, Sabelo, com teu rabo.

99

Irritar-te não deves, Cerdão, com o meu livrinho.
A tua profissão,[219] não a tua vida, é que foi alvejada no meu
[epigrama.

---

[215] Tito e Domiciano.

[216] V. introdução e II 91 e 92.

[217] A Marcial foi concedido o título honorífico de *tribunus militum* e a dignidade de cavaleiro. Oceano era um funcionário do teatro que velava para que ninguém se sentasse em lugar indevido. Por ser *eques*, Marcial tinha o direito de se sentar nas primeiras catorze filas do teatro, segundo o que determinava a *lex Roscia theatralis* que Domiciano repusera em vigor.

[218] Ameaça de *irrumatio* a um impotente.

[219] V. III 16; III 59.

Epigramas

São inocentes: não leves a mal estes gracejos. Porque se não há-de poder gracejar, quando tu pudeste degolar?[220]

100

À hora sexta,[221] Rufo, te enviei um mensageiro,
  que, a escorrer, julgo que terá levado os meus poemas:
desabava do céu, por sinal, uma tremenda bátega.
  Não havia ocasião mais adequada para enviar o livro...[222]

---

[220] Jogo com as palavras *ludere* e *iugulare*. O sapateiro recorta o couro, mas *iugulare* também pode significar 'degolar', que é o que fizeram os gladiadores dos jogos que ele ofereceu.

[221] O meio-dia. V. n. a I 108, 9.

[222] A água se encarregaria de apagar as palavras.

Impressão e acabamento
da
LATGRAF - Artes Gráficas, Lda.
para
EDIÇÕES 70, Lda.
Março de 2000